tredition®

www.tredition.de

AF196656

Friedhelm Schroer

Gedanken, Sprüche und Gedichte

Ein Gedanke, der herumschwirrt in
meinem Kopf, macht hinter der Stirne,
klopf, klopf, klopf,
er will hinaus hier auf's Papier,
auch wenn mancher sagt;
"was für ein Geschmier".

www.tredition.de

Verlag und Druck: tredition GmbH, Grindelallee 188, 20144 Hamburg

ISBN
Paperback: 978-3-7439-3941-7
Hardcover: 978-3-7439-3942-4
e-Book: 978-3-7439-3943-1

Friedhelm Schroer
Gedanken, Sprüche und Gedichte

Dieses Buch widme ich meiner
kürzlich verstorbenen
Frau Christa.

Danke, dass Du mich die ganzen Jahre so un-
terstützt hast und immer für mich da warst.

Meine Gedanken, waren bei der Zusammenstel-
lung dieses Gedichtbandes immerzu bei Dir.

DANKE

Inhalt

Zum Schmunzeln

Kuk ma,

Kuk ma raus wat für'n Wetter,
et stürmt, da fallen lauter Blätter,
jetz kommt auch noch son Regen daher,
der Wind, der Sturm wird immer mehr,
wollt ich gerad spazieren gehen,
bleib zu Haus, will nich verwehn,
ich feif auf dat olle Wetter,
auf'm Sofa isset netter.

23.06. 2017

Die Schnecke

Ich seh eine Schnecke mit ihrem Haus,
mitten auf dem Weg, sie schaute heraus,
das sie da war, nahm ich ihr nicht krumm,
fuhr mit dem Rollstuhl um sie herum.

Picknick

Plätschernd fließt das Wasser im Bache,
während ich ein Picknick mache,
die Vögel zwitschern laut im Walde,
hoffentlich kommt die Liebste balde.

Ein Bier

Ich würd' so gern ein Bierchen trinken
und den schönen Mädchen winken,
winken sie mir dann zurück,
was brauch ich mehr zu meinem Glück.

10.05. 2016

Mücke

Draußen ist es schrecklich warm,
sticht mich ne Mücke in den Arm,
das war schon ein fieser Stich,
es wird rot, juckt fürchterlich.

04.07. 2017

Bushaltestelle

Die Menschen eilen auf die Schnelle,
bei uns gegenüber zur Bushaltestelle,
sie gehen nervös, unruhig umher,
schauen auf die Uhr, es eilt wohl sehr.

Warum sind sie nicht einen Bus eher gegangen,
dann brauchten sie nicht um die Zeit so zu bangen,
sie haben einfach keine Ruhe mehr,
eilen ständig gehetzt hin und her.

Hält endlich der Bus, alle wollen einsteigen,
sie drängeln und schubsen, so wird sich zeigen,
jeder will immer der Erste sein,
geh einfach zur Seite lass mich herein.

Es ist schon manchmal schlimm anzusehen,
wie die Menschen miteinander umgehen,
wenn es nicht wirklich traurig wär',
müsste ich lachen, amüsierte es mich sehr.

Die Menschen bei uns an der Bushaltestelle,
sind hektisch, trampeln nervös auf der Stelle,
ach Menschheit nehmt Euch mehr Ruhe, mehr Zeit,
dann seid Ihr auch zu mehr Mitmenschlichkeit bereit.

07.06. 2017

Ein einsamer Rufer

Nebel wabert über den See,

verträumt ich am Ufer steh,

die Sicht wird schlechter es zieht sich zu,

es geht ganz plötzlich, es geht im Nu,

durch den Dunst ein bittender Ruf erschallt,

im Nebel er über dem See widerhallt,

dann hör ich Ihn, den fremden Rufer,

hol über, hol über ans andere Ufer,

ich stehe da, bin total verwirrt,

ob der Fremde durch den Nebel irrt,

da, ich höre ihn wieder, den fremden Rufer,

hol über, hol über ans andere Ufer,

es hört sich an, als wäre er in Not,

ich suche im Schilf nach einem Boot,

ich suche hier und suche da,

ich suche weiter weg und auch ganz nah,

dann seh' ich versteckt unter einigen Zweigen,

einen Kahn liegen zwischen zwei Weiden,

ich steige hinein und sehe das Nasse,

weiß nicht, ob ich das richtig erfasse,

rudere los zum anderen Ufer,

höre wieder den einsamen Rufer,

rudere durch Nebel und unendliche Schleier,

nun hör ich auch noch den Laut einer Leier,

so rudere ich weiter fast ohne Wille,

plötzlich herrscht eine unheimliche Stille,

ich hör ihn nicht mehr den einsamen Rufer,

er ruft nicht mehr, hol mich vom anderen Ufer,

schnell reißt auch wieder der Nebel auf,

die Geschichte nimmt einen seltsamen Verlauf,

mich hat wohl total der Nebel verwirrt,

bin mit dem Boot nur vor und zurück geirrt,

es gab ihn nicht den einsamen Rufer,

er hat nicht gerufen, hol über vom Ufer,

steig wieder aus, aus dem Boot am Ufer

und lache über das Gespinst von dem Rufer.

10.10. 2016

Sauwetter

Wie ich so aus dem Fenster schau,

ist der Himmel düster, leider nicht blau,

es scheint auch keine Sonne,

ist wirklich keine Wonne,

und wird es nicht bald netter,

bleibt es ein echtes Sauwetter.

11.06. 2017

Dichter ?

In der letzten Wettervorhersage,

sagte der Meteorologe gerade,

das wird heute ein bescheidenes Wetter,

denn es wird wirklich nicht netter,

die Wolken werden auch nicht lichter,

nein, die Wolken werden „Dichter".

Jetzt bin ich gespannt, was sie wohl dichten,

sind es nur Sprüche oder sind es Geschichten,

wie die Sachen wohl sind, frag ich mich gerade,

sind sie spannend, oder sind sie recht fade,

da schaut mich meine Frau fragend an

und sie sagt zu mir dann,

er meinte nicht sie werden „Dichter",

er sagte die Wolken werden immer dichter.

Ja genau, dass hab ich doch auch gesagt,

antwortete ich ihr dann ganz verzagt,

doch dann musste ich plötzlich laut lachen,

worauf sie meinte du sagst vielleicht Sachen,

dann prusteten wir gemeinsam ganz laut,

es hat uns fast die Luft geraubt.

26.02. 2015

Das Wolkenschiff

Nur eine Wolke zieht mit dem Winde,
wie ein Segelschiff geschwinde,
übers blaue Himmelsmeer,
oh Schreck, jetzt werden es mehr.

10.05. 2016

Leute schau'n

Es ist schön einfach hier zu sitzen,
im kühlen Schatten ohne schwitzen,
den Leuten draußen zu zuschau'n,
die flanieren hinter dem Gartenzaun,
grad' kommt ein kleines Mädchen daher,
es spielt mit dem Ball und freut sich sehr,
dann seh' ich von hinten einen hageren Mann,
fährt sich durchs Haar mit einem Kamm,
und eine Schöne mit spitzen Schuhen,
geht schnell weiter ohne sich aus zu ruhen,
so geht es weiter Stunde um Stunde,
da machen so manche Leute die Runde,
ich sitze im Sessel mit einem Glas Bier,
so sitz' ich noch die nächsten Stunden hier.

21.07. 2015

Tete-a-Tete mit Ameise

Wir liegen gemütlich auf einer Decke,

rundherum eine hohe Hecke,

zu Zweit wollen wir ein bisschen schmusen,

liege gerade so schön an ihrem Busen,

da ertönt ein Schrei an meinem Ohr,

ich schaue erschreckt, wie nie zuvor,

sie zeigt entsetzt in eine Ecke,

ich dachte da kriecht nur eine Schnecke,

doch da marschiert eine Waldameise,

auf eine besonders seltsame Weise,

sie trägt auf dem Rücken ein kleines Blatt,

ich weiß nicht, warum und woher sie es hat,

das Blatt ist grün, es ist nicht braun,

wie sie so marschiert, ist lustig an zu schau'n,

doch es bleibt nicht bei Einer, es werden mehr,

wo kommen nur die Ameisen alle her,

meine Liebste wird bei dem Anblick immer blasser,

ihre Augen werden auch noch nasser,

ihr Gesicht wird erst grau, dann weiß wie Schnee,

vorbei ist es nun mit dem *Tete-a-Tete.*

25.09. 2016

Höma,

Höma, wat ich dich noch sagen wollte,

nebenan wohnt Witwe Bolte,

weiße dat is vielleicht 'n Weib,

trägt imma son geblümtes Kleid,

dat trägt 'se sicher schon sechs Wochen,

hat nämlich echt dannach gerochen,

'ne Schnute hatse wie ihr Hund,

tut lauter Knurrgeräusche kund,

genau so is dat Witwe Bolte,

wat ich dich so sagen wollte.

23.06. 2017

aufe Schnelle,

Noch'n Gedicht ma aufe Schnelle,

abba mir fällt grad aufe Stelle,

nich so wirklich da wat ein,

so war's dann schon mit'm Reim.

23.06. 2017

Böser Rabe

Hey, du böser, böser Rabe,
was soll dein krächzendes Gehabe,
warum schreist du so laut daher,
worüber regst du dich auf so sehr?

Hey, du böser, böser Rabe,
das ist aber keine schöne Gabe,
das laute, schreckliche Geschrei,
was denkst du dir eigentlich dabei.

Hey, du böser, böser Rabe,
siehst du nicht die fette Schabe,
das ist doch ein fetter Fang,
sie zittert schon, ihr ist so bang.

Hey, du böser, böser Rabe,
bist vom Gesang kein Chorknabe,
das ist einfach nur fieser Krach,
und das auch noch den ganzen Tach.

09.06. 2017

Die Moral

Vor dem Fenster, die Trauerweide,
frei von Blättern, braune Zweige,
einsam vorn im Rasen steht,
ein Eichhorn seiner Wege geht,
eine Nuss rechts, links in den Backen,
'ne Katze hinter ihm, im Nacken,
sie plötzlich überm Rasen rennen,
so schnell, man kann sie kaum erkennen
und hinter'm Strauch sitzt ein Karnickel,
das hat ein Hund fast schon beim Wickel,
ein Bussard erkennt die kleine Maus
und haucht ihr schnell das Leben aus,
so ist das Leben nun einmal,
das ist dem Bussard ganz egal,
es war für ihn ein lecker Schmaus,
diese kleine graue Maus.

Und die Moral von der Geschicht,
so ist das Leben, oder nicht?!

20.01. 2015

1 - 2 - 3

Eins, zwei, drei, ein Gedankenblitz,

mit Humor und auch mit Witz,

fällt mir gerade so mal ein,

sitze ich hier beim Gläschen Wein,

was wollt ihr noch, das war's dann schon,

ich bin doch nicht, Goethes Sohn,

ich bin auch nicht, Schillers Neffe,

so mach ich Schluss eh ich's vergesse.

26.02. 2015

Der enttäuschte Rabe

Dieser freche, schwarze Rabe,

sah eine fette, leckere Made,

er stürzt hinab auf den Ast,

die Made kriecht weiter ohne Hast.

Der Rabe denkt ob sie wohl schmeckt,

gut ist es, dass ich sie entdeckt,

er wollt' sie gerade schnappen,

diesen leckeren, fetten Happen.

Er reist ihn auf den spitzen Schnabel,
es ist fast so wie in einer Fabel,
die Made ist weg, als hätte sieh's gerochen,
ist sie schnell hinter die Rinde gekrochen.

Das war's wohl mit der fetten Made,
denkt sich der enttäuschte Rabe,
dann flieg ich jetzt neben an zu den Buchen,
muss mir eben dort eine neue suchen.

11.06. 2017

Vogelkunde mal ganz anders...

Herrje, was für ein mächtiges Donnerwetter,
der Buntspecht meint, ich bin viel netter,
steigt plötzlich die Anzeige am Thermometer,
hör ich vom Wald her ein kräftiges Gezeter.

In den Bäumen erschallt ein wildes Geschrei,
der Elster ist das alles einerlei,
trägt nicht umsonst eine schwarzweiße Weste,
denn sie führt sich auf, als wäre sie die Beste.

Da verhält sich die kleine, schüchterne Meise,
im Chor der anderen lieber ganz leise,
was macht der winzige grüne Fink,
er hüpft von Ast zu Ast recht flink.

Warum hat am Hals, die scheue Eule,
manches Mal eine kleine Beule,
dann hängt das Gewölk bei ihr im Schlund,
sie tut es mit kräftigem würgen kund.

Es gibt auch noch den prächtigen Star,
er baut seine Höhle ganz wunderbar,
der Kuckuck ruft wohl aus dem Wald,
sein Ruf bis zu den Häusern schallt.

Was gibt es sonst noch für Gefieder,
die singen im Walde ihre Lieder,
wie heißt es; Amsel, Drossel, Fink und Star,
sind alle Vögel wirklich schon da?

Und hörst Du, wie es im Wald erklingt,
jeder Vogel sein eigenes Liedchen singt,
doch wenn alle singen fröhlich im Chor,
kommt es dir wie ein Loblied vor.

28.06. 2017

Rasen auf dem Balkon

Ich mag ihn wirklich leiden,
aber ich muss ihn wieder schneiden,
den schönen Rasen auf dem Balkon,
man sieht es er überwuchert schon,
meine Füße, wenn ich über in geh,
er ist nicht mehr schön, wenn ich genau hinseh',
darum hat meine Frau, meine Liebe,
gesagt, schneide schnell ab seine langen Triebe,
mit einer Heckenschere lege ich los,
was ist passiert, was war das bloß?
Ich spüre einen Schmerz im großen Zeh,
auer, das tut höllisch weh,
ich wache auf, aus meinem Schlummer,
Gott sei Dank, ich habe keinen Kummer,
ich liege gemütlich in meiner Liege,
mich überwuchern auch keine Triebe,
es war nur ein kurzer schrecklicher Traum,
der Kunstrasen ist immer noch schön anzuschau'n.

24.06. 2015

Ei im Glas

Eierfärben, das macht Spaß,

erst die Farbe, dann das Ei ins Glas,

plumps, sinkt dass Ei, die Farbe spritzt,

darüber freuen sich Emma und Fritz,

der Küchentisch hat bunte Flecken,

die Farbe sitzt in allen Ecken,

die Mutter schimpft, dann lacht sie auch,

und alle halten sich den Bauch,

durch den Plumps ist das Glas leer,

im Glas ist keine Farbe mehr,

das Ei im Glas, das ist noch weiß,

dreht sich am Boden noch im Kreis.

05.04. 2015

Das Eichhorn und die Katz

Ich sitze auf dem Balkon, schau links zum Baum,

dort sitzt ein Eichhörnchen, man sieht es kaum,

es duckt sich ganz tief auf seinem Ast,

denn langsam, bedächtig, ganz ohne Hast,

schleicht sich an, eine getigerte Katze,

schnurrt ganz leise und versucht mit der Tatze,

zu greifen des Eichhorns buschigen Schwanz,

doch Gott sei Dank, sie schafft es nicht ganz,

dann plötzlich, mit einem flinken Satz,

ist das Eichhörnchen weg, verdutzt schaut die Katz!

05.06. 2016

Ein Elefant

Ein Elefant im Schmetterlingshaus sitzt,

ihm ist recht warm, er mächtig schwitzt,

da kommt eine kleine Maus daher,

der Elefant erschrickt sich sehr,

er trötet laut, trörö, trara,

ist die Maus jetzt weg, ist sie noch da,

da springt sie ihm, mitten ins Gesicht,

vor Schreck er stürzt mit seinem Gewicht,

mitten in die Scheiben rein,

das wird ein Glashaus wohl gewesen sein,

es klirrt, es scheppert fürchterlich,

das Mäuschen kichert innerlich,

der Elefant springt auf vor Schreck,

jetzt sind auch noch die Schmetterlinge weg,

nun sitzt die Maus frech auf seinem Rüssel,

er plumpst und sitzt inner Futterschüssel,

der Elefant ist es jetzt leid,

macht sich zu einem Sprung bereit,

jetzt scheppern auch die letzten Scheiben,

der Wärter schimpft, lässt du's wohl bleiben,

doch er trabt polternd den Weg entlang,

die Maus hinterher, ihm wird so bang,

er trötet noch mal laut hinaus,

und rettet sich ins Elefantenhaus.

10.08. 2015

Gedankenflut

Sitz ich hier beim Gläschen Wein,

fällt mir so manches plötzlich ein,

es überkommt mich eine Gedankenflut,

voller Schmerzen, voller Wut,

Wut über meine Schmerzattacken,

möchte sie am Schwanze packen,

sie heraus reißen, aus meinen Knochen,

wo sie klammheimlich rein gekrochen.

05.01. 2016

Gedanken

Gedanken	im Kopf
Gedanken	kommen unverhofft
Gedanken	weshalb und wieso
Gedanken	machen nicht immer froh
Gedanken	schwirren nur so umher
Gedanken	beschäftigen mich sehr
Gedanken	über Menschen, über ihr Leid
Gedanken	im Kopf sind immer bereit
Gedanken	über die Welt, über das Geschehen
Gedanken	über Kinder die so viel Schlimmes gesehen
Gedanken	sollte jeder sich machen
Gedanken	über Elend, aber auch über das Lachen

10.04. 2015

Gedankenblitze

Glaubt mir, ich mache keine Witze,
manchmal zucken Gedankenblitze,
durch meinen Kopf einfach hin und her,
das Erinnern daran fällt mir oft schwer.

02.07. 2016

Kinderlachen

Die Welt ist schön, wenn Kinder lachen,
es kann uns wirklich Freude machen,
das Leuchten in den Augen der Kinder,
ist Labsal für unsere Seele nicht minder,
ohne Kinder ist die Welt nur die Hälfte wert
und wer das Leben der Kinder nicht ehrt,
sündigt sich an der Menschheit Leben,
Kinder sind für uns alle ein Segen,
drum freue dich über ein Kinderlachen,
es wird dir recht viel Freude machen.

12.06. 2016

Familie

Familie,	bedeutet miteinander leben
Familie,	ist nach Gemeinsamkeit streben
Familie,	besteht nicht nur aus Liebe und Glück
Familie,	schau nach vorn, aber auch zurück
Familie,	da fühlst du dich geborgen
Familie,	lebt gestern, heute und morgen
Familie,	heißt nicht nur zu zweit
Familie,	hält aber auch Streit bereit
Familie,	sollte sein ohne Zorn
Familie,	beginnt jeden Tag von vorn
Familie,	kann sehr vieles sein
Familie,	ist alles, ob groß oder klein
Familie,	mit Frau und Mann
Familie,	auch gleichgeschlechtlich sein kann
Familie,	mit Kindern, oder auch allein
Familie,	kann ohne sie, einsam sein
Familie,	wird Halt dir geben
Familie,	heißt für mich Leben

23.03. 2015

Schmetterling

So ein bunter Schmetterling,
ist ein wirklich flatterndes Ding,
fliegt von den Blüten her und hin,
sieht aus als ergibt es keinen Sinn.

Der Staub von den vielen Blütenpollen,
klebt an seinen dicken Bollen,
so bestäubt er Blüte um Blüte,
was für 'ne Arbeit, meine Güte.

Jetzt fliegt er flatternd von hier fort,
fliegt mit der Fracht zum anderen Ort,
schau ich ihm nach, kann ihn nicht mehr sehen,
dabei versuche ich das alles zu verstehen.

Die Natur ist schon bewundernd eingestellt,
nicht nur hier, auf der ganzen Welt,
egal, es hat wohl alles seinen Sinn,
vom Ende bis zum Anbeginn.

02.06. 2017

Schmerzen

Schmerzen, übermannen mich
Schmerzen, sind wie ein Hornissenstich
Schmerzen, durchziehen Rücken und Arm
Schmerzen, machen mich träge und lahm
Schmerzen, können grausam sein
Schmerzen, kommen oft nicht allein
Schmerzen, haben mich manchmal mürbe gemacht
Schmerzen, darüber habe ich früher gelacht
Schmerzen, dröhnen auch im Kopf
Schmerzen, sind schlimmer als ein Kropf
Schmerzen, überdecken viele schöne Sachen
Schmerzen, können einsam machen
Schmerzen, sind schön wenn sie vergehen
Schmerzen, auf nimmer wieder sehen.

19.07. 2015

Vielfalt der Tage

Kein Tag ist wie jeder,
kein Tag ist gleich,
doch gerade diese Vielfalt,
macht unser Leben so reich.

Freue dich auf jeden Augenblick,
egal was auch geschieht,
oder wie schnell die Zeit verrinnt,
wie sie unentwegt entflieht.

Mal scheint die Sonne,
manchmal gibt es Regen,
egal wie auch das Wetter,
bleib nicht zu Haus deswegen.

Genieß die schönen Stunden,
sie sind so schnell vorbei,
schön sind die Kleinigkeiten,
oft im Tageseinerlei.

Wie wird der Tag wohl morgen,
wird es ein schöner Tag,
lass dich einfach überraschen,
wie er auch seinen mag.

14.05. 2015

Orchideen

Am Fenster meine Orchideen,
sind einfach herrlich anzusehen,
sie öffnen ihre Blütenpracht,
am langen Stängel schön und sacht,
sie zeigen ihre zarten Blüten,
man muss sie pflegen und behüten,
mit ihren vielen Blütenfarben,
freu ich mich, sie am Fenster zu haben.

07.02. 2015

Wer schreibt der bleibt!

Wer schreibt der bleibt, das hat schon fast jeder vernommen,
mir sind darüber einige Gedanken gekommen,
wer schreibt der bleibt, hat schon mancher gedacht,
sehr oft haben andere deswegen gelacht,
ich denke, es ist falsch sich lustig zu machen,
egal ob über Gedichte oder andere Sachen,
für den, der es schreibt, ist es oft sehr wichtig,
und so finde ich es gut und auch richtig,
das, das geschriebene Wort,
egal ob im Buch oder am anderen Ort,
gespeichert ist für lange Zeit,
so hält man es dafür bereit,

das sich Menschen später noch Gedanken machen,

über deine Gedichte oder andere Sachen,

die du irgendwann nieder geschrieben,

für dich, für andere und deine Lieben,

ich hoffe, es bleibt im Gedächtnis zurück,

wenigstens ein kleines Stück,

fällt mir dann wieder mal was ein,

schreib ich es auf, so soll es sein,

für mich und auch für andere Leut',

das es interessiert und auch erfreut,

so ist der Satz, „wer schreibt der bleibt",

für mich nicht nur ein Zeitvertreib.

Wer

Wer schreibt

Wer schreibt der

Wer schreibt der bleibt!

Bleibt

Bleibt der

Bleibt der, der

Bleibt der, der schreibt?

Oder?

Oder bleibt nur?

Oder bleibt nur der?

Oder bleibt nur der, der schreibt?

06.02. 2016

Frei wie ein Vogel

Frei wie ein Vogel, fliegen im Wind,
das wünscht sich so oft jedes Kind,
der Schöpfer hat uns keine Flügel gegeben,
so müssen wir auf der Erde leben.

Die Menschen versuchten es doch immer wieder,
doch meistens fielen sie zur Erden nieder,
die Sehnsucht vom Fliegen jedoch bleibt,
die Menschen es immer wieder dazu treibt.

So einfach es uns auch manchmal erscheint,
aus Holz und Tuch schnell Flügel geleimt,
der Mensch dachte er könnte fliegen,
er könnte die Mächte der Lüfte besiegen.

Doch bestraft wurde schon Ikarus,
der der Sonne zu nah kam, mit Verdruss,
verbrannt sind die Flügel er stürzte hinab,
und fand im Meer sein letztes Grab.

Drum achtet die Mächte dort oben am Himmel,
es herrscht in den Lüften schon zu viel Gewimmel,
der Mensch ist nicht geschaffen zum Fliegen,
er wird wohl niemals die Lüfte besiegen.

25. 03. 2015

Der Ballon

Vor dem Fenster schwebt ein Ballon,
er schwebt fort, er fährt davon,
in allen Farben leuchtet er,
wo fährt er hin, wo kommt er her.

In meinen Gedanken fahr ich mit,
mit Hochgefühl durch den Himmelsritt,
begleitet von den Herren der Lüfte,
umfangen von des Windes Düfte.

Unter uns eine Wolke, als ob sie uns trug,
über uns ein Adler im seichten Flug,
um uns herum nur das Rauschen des Windes,
hört sich an wie das Klagen eines Kindes.

Es kommt mir vor, wie ein Traum auf seichten Kissen,
dann werde ich plötzlich aus meinem Traum gerissen,
der Ballon ist fort, ich sehe ihn nicht mehr,
schaue aus dem Fenster und vermisse ihn sehr.

23.07. 2015

Ein fröhlich Lied

Ach wäre ich ein Vöglein nur,
mit schillerndem Gefieder,
sing mein Lied in der Natur,
immer, immer wieder.

Frei wie ein Vogel mit den Schwingen,
zu gleiten in den lauen Winden,
im Chor dem Herrn ein Lied da bringen,
und innere Ruhe wieder finden.

Im Walde sing dein fröhlich Lied,
zusammen oft im Chor,
es niemand schöner wiedergibt,
als je es klang zuvor.

09.06. 2017

Zukunft

50 Jahre Zukunft, ist noch sehr lange hin,
was bis dahin geschieht, kommt mir noch nicht in den Sinn,
meine Güte, was kann bis dahin alles geschehen,
ich kann doch nicht in die Zukunft sehen,
was stell ich mir vor, was kann dann wohl sein,

ist alles nur noch eitel Sonnenschein,

oder ist die Welt schon komplett verkommen,

haben sich die Menschen selbst die Luft genommen,

brauchen wir Masken, zum Atmen, zum Leben,

wenn es so ist, ist es nicht danach zu streben,

ist Waltrop dann umgeben von Straßen und Industrie,

haben sie keine Arbeit, keinen Lohn, hier wohnen nur sie,

es ist gewachsen, es werden immer mehr,

wo kommen nur die ganzen Menschen her,

so lange es Armut, Hunger und Kriege gibt,

für viele die Heimat auf der Straße liegt,

so lange werden die Menschen neue Hoffnung suchen,

und die Kriege und das Elend in ihren Ländern verfluchen,

oder kommt es ganz anders, wird alles nur toll,

und die Städte und Straßen sind gar nicht mehr voll,

der Himmel ist blau und die Luft ist ganz rein,

für die Natur kommt Regen aber auch Sonnenschein,

jeder hat sein Einkommen, jeder ist zufrieden,

es gibt genug Nahrung, keiner braucht sich mehr zu bekriegen,

ob schwarz oder weiß, alle Menschen sind gleich,

keiner ist mehr arm und keiner nur reich,

ich weiß, dass es so wohl nicht kommen kann,

doch der Gedanke beseelt mich dann und wann,

50 Jahre Zukunft, für Waltrop, Deutschland und die Welt,

wer weiß schon wie es bis dahin, um die Menschheit bestellt.

30.05. 2015

Eine Seite

Eine Seite mag mich nicht,
obwohl sie manchmal mit mir spricht,
sie ärgert mich doch immer wieder,
es schmerzen mir dann alle Glieder,
die Spastik zieht in Arm und Bein,
ihr könnt mir glauben, das ist nicht fein,
so geht das jetzt schon eine Weile,
die Arthrose treibt in die Gelenke Keile,
doch ich lass mich nicht unterkriegen,
bin trotzdem mit meinem Leben zufrieden.

17.04. 2016

Was Geschieht?

Was geschieht, in meinem Leben
Wer kann mir darüber Auskunft geben
Warum passiert eigentlich Dies oder Das
Wenn man es nicht weiß macht es keinen Spaß
Wieso weiß ich nicht vorher was kommt
Weshalb gibt es keine Antwort prompt
Wie wäre es, wenn ich wüste alles voraus
Wieso spendet mir dafür niemand Applaus?

09.07. 2015

Der Wanderer

Ein leises Rauschen, das vom Winde her weht,
am Wegekreuz ein grübelnder Wanderer steht,
wo soll ich weiter wandern, nach rechts oder links,
es ist ihm wohl ein Rätsel, wie das Lächeln einer Sphinx.

Er kann sich nicht entscheiden, wo soll ich hin,
nimmt einfach eine Richtung, die kommt ihm in den Sinn,
geht er durch Wald und Felder, durch herrliche Natur,
ergötzt sich an der Schönheit, von Einsamkeit keine Spur.

Denn Hase, Reh und anderes Getier, ihn begleiten,
ihn so die richtige Richtung des Weges leiten,
da kommt ihm ein Gedanke, könnt ich im Walde leben,
das wäre wunderschön und danach möcht' ich streben.

Jedoch kommt er nach Hause, in den alten Trott,
mit Hektik ohne Pause, immer vorwärts immer flott,
so geht es Tag um Tage immerzu zu jeder Stund,
es geht immer so weiter, so geht es immer rund.

Doch eines schönen Abends, beim Kaminfeuerschein,
kommt wieder der Gedanke, fällt es ihm wieder ein,
ich möchte wieder wandern in Felder, Wald und Flur,
da möcht ich fortan leben, in mitten der Natur.

21.07. 2015

41

50 Jahr her

Wie war mein Leben vor 50 Jahr,
es war etwas anders und mit vollem Haar,
war 50 Jahr jünger, hatte noch Schwung,
ach, wie war ich damals noch Jung.

Ach, ja, ist alles schon 50 Jahr her,
und manches, das weiß man nicht mehr,
aber eins weiß ich, ich konnte noch rocken,
manchmal mit Schuhen, aber auch auf Socken.

Elvis, Bill Haley, Ted Herold und Peter Kraus,
ihnen ging nie beim Rocken die Puste aus,
sie tanzten und rockten, wild und verrückt,
die Mädchen kreischten ganz verzückt.

Ja das war schon eine tolle Zeit,
aber die 60ger hielten noch anderes bereit,
Haare wie ein Löwe, Hosen mit Schlag,
immer wieder was Neues von Tag zu Tag.

Dann, was war das für ein Augenschmaus,
der Minirock kommt, Applaus, Applaus,
die Männer, stierten hinter den Mädchen her,
und freuten sich über den Anblick sehr.

Aber es gab noch der Modesünden mehr,

wenn wir alte Bilder sehen wundern wir uns sehr,

wie konnte man nur so über die Straßen gehen,

man wurde doch von allen Leuten gesehen.

Mit solchen Klamotten, verrückt und recht bunt,

besonders abends zu später Stund,

ja, ja, wir sahen schon recht komisch aus,

auf jeden Fall, nicht wie eine graue Maus.

Vor 50 Jahren war eine andere Zeit,

die hielt für uns manche Überraschung bereit,

die Zeit war gut so, wie sie damals war,

aber heute leben wir anders, das ist allen klar.

07.04. 2015

Oh je,

es kommt mir ein Gedankenblitz

er kommt in meinem Kopfe angeflitzt

springt in den Windungen hin und her

flitzt so wild herum, ich weiß nichts mehr

deshalb kann ich mich manchmal nicht leiden

ich kann tun was ich will, kann es nicht vermeiden.

08.07. 2017

Eine wundersame Weise

Welch wundersame Weise,
dringt heuer an mein Ohr,
klingt es von fern ganz leise,
hör ich es wie nie zuvor.

Solch leise, zarte Töne,
die ich noch nie erfasst,
hab nie gehört solch schöne,
wer schlimm, hätt' ich's verpasst.

Woher klingt es so zärtlich,
mit Wohlklang und Gefühl,
gespielet ja so herzlich,
voll Wärme und nicht kühl.

Oh, wundersame Weise,
die dringet an mein Ohr,
ich höre sie nur leise,
kommt sie im Traum nur vor?

10.06. 2017

Jesus kommt

Jesus kommt zurück auf Erden,

möchte gern ein Menschlein werden,

denkt, komm einfach so zur Erd zurück,

versuch es mal, versuch mein Glück,

doch dann merkt er, es ist recht schwer,

es ist zu viel, ich kann nicht mehr,

nun ist ihm aber der Weg versperrt,

er ist jetzt Mensch, ist umgekehrt,

was mach ich nur, ich bin jetzt hier,

auch ist es kalt, ich mächtig frier,

im Himmel war's doch immer warm,

kein Engelein nimmt mich in den Arm,

oh, lieber Gott, was war ich dumm,

steh einfach in der Gegend rum,

man sieht mich nicht, nimmt mich nicht wahr,

war doch so schön, was ich von oben sah,

es gab zu Essen doch so viel,

sah alles aus, als wär's nur ein Spiel,

hier gibt es nichts mal eben so,

im Himmel war ich immer froh,

wenn ich was brauch, muss ich was tun,

kann mich nicht immer nur ausruh'n,

ich glaub, ich habe es kapiert,

ist nicht so einfach, wenn man sich irrt,

so geh ich lieber doch zurück,

versuch im Himmel wieder mein Glück

und wünsch den Menschen auf der Erde,

das alles gut, für sie hier unten werde.

01.12. 2015

Ihm schaudert

Oh jemine, oh welch ein Graus,

wie sieht es nur hier auf der Erde aus,

was haben die Menschen aus ihr gemacht,

überall Kriege, Tag und Nacht,

Flüchtlingsdramen, so viele in Not,

dazu droht tausenden der Tod,

Menschen, Tiere, Pflanzen sterben,

die Menschheit rennt in ihr Verderben,

wenn sie immer so weiter machen,

das ist wirklich nicht zum Lachen,

hört endlich auf, denkt an eure Kinder,

an spätere Generationen nicht minder.

10.12. 2015

Wolkenverhangen

Ist der Himmel auch wolkenverhangen,
im Baum vor dem Fenster die Vögel sangen,
hast du gehört ihr gemeinsam, fröhliches Lied,
man dadurch zuversichtlich in die Zukunft sieht.

Wichtig ist, dass die Wolken dich nicht erdrücken,
sie zu schwer lasten auf deinem Rücken,
lass dir nicht dadurch die Stimmung versauern,
wichtig ist, sich nicht selbst zu sehr zu bedauern.

Wenn irgendwann durch Wolken die Sonne bricht,
dann empfängst du im Herzen wieder ein Licht,
wenn deinem Partner erscheint ein Lächeln auf den Lippen,
dann las dich nicht erst mehrmals bitten.

Denn ein Lächeln, ein Lachen, versüßt allen das Leben,
das kann dem anderen Mut wieder geben,
lass dich nicht von den Wolken im Kopf erschlagen,
das Leben ist zu schön, um daran zu verzagen.

23.07. 2015

Wolkenberge

Wolkenberge, düster und grau,
wenn ich in den Himmel schau,
Wolkenberge vorüber ziehen,
mit ihnen meine Gedanken fliehen,
meine Gedanken im inneren Ich,
versetzen mir im Herzen einen Stich,
wenn Schmerzen durch meinen Körper fluten,
oft Tage, Stunden oder nur Minuten,
doch schön ist's, bin ich einmal frei,
von diesem verzehrenden Schmerzensbrei,
der Schmerz umhüllt mich wie Nebelschwaden,
sie lassen mich manches Mal verzagen,
so leicht und luftig wie Gänse im Flug,
verschwindet Schmerzen, ich habe genug,
ich lass mich durch euch nicht unterkriegen,
durch schöne Gedanken werde ich siegen,
wie Wolkenberge mich Schmerzen belasten,
sie lassen mich oft nicht ruhen, nicht rasten,
erst wenn die Schmerzen vorüber gehen,
ist für mich wieder die Sonne zu sehen.

18.07. 2015

Auf der Bank

Sitze ich hoch oben über dem See auf der Bank,
kurz bevor die Sonne hinter dem Horizont versank,
der Himmel war von der Sonne blutrot,
einfach herrlich das Schauspiel, was sich mir bot.

Über dem Feld steigt eine Lerche empor,
singt ihr Lied und aus dem Wald lugt ein Reh hervor,
zwei Lämmer sich balgen, das bringt mich zum Lachen,
das sind Momente, die mich wieder glücklich machen.

Auf der Bank hoch oben über dem schimmernden See,
bewundere ich die Abendsonne, bevor ich nach Hause geh,
das ist für mich ein besonderer Moment im Leben,
der wird mir für die Zukunft wieder Hoffnung geben.

26.05. 2017

Blutrot

Blutrot am Morgen die Sonne aufgeht,
von Westen her ein laues Lüftchen weht,
zarte Wölkchen rot am Himmel stehen,
außer mir, ist sonst kein Mensch zu sehen.

Ich wandre hinaus, durch klare Luft
und rieche im Wald schon Frühlingsduft,
aber wir haben doch erst Februar,
der Winter macht sich immer noch rar.

Ich glaube, es kommt auch kein Winter mehr,
wenn ich ehrlich bin wünsche ich es mir sehr,
es kann jetzt ruhig der Frühling kommen,
ich habe schon das Lied der Vögel vernommen.

05. 01. 2016

Vogelgesang

Schau, dort die Amsel wie sie singt,
es weit zum Himmel hoch erklingt,
eine Meise und ein Sperlingmann,
fangen auch zu singen an.

So singt und klingt es überall,
der Chor der Vögel laut erschall,
mehr Vögel auf dem Baum erscheinen,
vereinen sich zum Sangesreigen.

Es scheint, als wollten sie mit Macht,
mit ihrer vollen Stimmenpracht,
die Menschen auf der Welt beglücken,
mit dem Wohlklang der Natur entzücken.

Ich lausche gern dem Vogelgesang,
der um mich herum erklang,
der wohltuenden Weise,
von Amsel, Sperling und der Meise.

06.06. 2017

Wunderschön

Wie wunderschön ist doch unser Leben,
wir müssen nicht immer nach Reichtum streben,
denn schau dich um in unserer Welt,
es gibt so viel Schönes, das kostet kein Geld.

Am Wegesrand sah ich ein Veilchen stehen,
ich schaute es an, konnt' nicht weiter gehen,
daneben blühte ein Gänseblümchen fein,
mit Blütenblättern so weiß und rein.

Und ging ich weiter rund um den See,
äste ein Reh im grünen Klee,
darüber kreiste ein Falke im Wind,
am Waldesrand spielte lachend ein Kind.

So wunderschön, sind all die kleinen Sachen,
die mich, wenn ich sie sehe, glücklich machen,
drum achtet auf die Kleinigkeiten in der Natur,
die bringen euch wirkliche Freude pur.

31.03. 2016

Der Tausch

Hörst Du im Wald das Blätterrauschen,
ich würde so gern mal mit den Vögeln tauschen,
einen Tag mit ihnen im Wald verbringen,
mit ihnen zusammen ein Liedchen singen.

Frei hinauf schwingen in die Lüfte,
erschnuppern völlig neue Düfte,
komplett neue Eindrücke gewinnen,
alles erleben mit anderen Sinnen.

Wie sagt man, frei wie ein Vogel sein,
ob bei Regen oder Sonnenschein,
einfach mal neue Wege gehen,
unsere Welt aus anderer Perspektive sehen.

08.06. 2017

Rote Früchtchen

Diese kleinen, roten, süßen Früchte,
erzeugen schon beim Anblick erhebliche Süchte,
mir läuft schon im Munde, das Wasser zusammen,
aus meinen Augen schlagen fast Flammen,
oh du kleine knubbelige Beere,

wie ich mich nach dir verzehre,

wenn ich nur rieche diesen süßlichen Duft,

der überall liegt in der Luft,

ich habe Verlangen, möchte dich schmecken,

will meine Hände nach dir ausstrecken,

ich freue mich schon auf den Erdbeerschmaus,

doch bis ich dran bin sind die Früchtchen aus.

03.07. 2017

Freesien

Freesien duften süß und schwer,

ein wunder schönes Blütenmeer,

in allen Farben zart und hell,

möchte ich sie pflücken auf der Stell,

Doch schöner leuchten sie am Stiele,

ist wunderschön wenn sie so viele,

uns betören mit ihrem Duft,

drum las sie stehen, sei kein Schuft,

Lass sich auch andere daran erfreuen,

du wirst es später nie bereuen,

sie werden dich immens beglücken,

ihr Duft wird dich noch lange verzücken.

13.07. 2016

Die Welt um mich herum,

Ich schau um mich, im Feld, dem Wald und auch in die Lüfte,
sehe die Blumen, rieche die wunderbaren Düfte,
die Natur ist so schön, ist überwältigend, ist einfach wunderbar,
geh mit offenen Augen durch die Welt dann wird es mir klar,
ein Marienkäfer mit seinem rot, weiß, gepunktetem Kleid,
oder die Libelle bunt schillernd hält für mich bereit,
das Wunder der Welt, das Wunder der Natur
es gibt so viel zu schauen, überall Schönheit pur,
eine Knospe bricht auf, von einer Rose rot leuchtend fein,
ein Duft quillt heraus und lädt mich zum Schnuppern ein,
nebenan erblüht eine Iris in leuchtendem blau,
einer Hummel ich beim Nektar sammeln zu schau,
dicke gelbe Pollen trägt sie mit sich herum,
die Störung durch mich nimmt sie nicht krumm,
sie sammelt einfach weiter, fliegt dann von dannen,
ein Kuckuck ruft aus den dunklen Tannen,
hoch droben am Firmament ein Habicht steht,
immer enger er gleitend seine Kreise dreht,
dann stößt er plötzlich herab vom Himmel,
auf der Weide stehen ein Rappe, ein Schimmel,
verschreckt traben sie gemeinsam fort,
und mir wird klar welch ein herrlicher Ort,
ist unsere Welt in großen, wie in kleinen Dingen,
ich muss sie mir nur zum Bewusstsein bringen.

22.05. 2016

Sommerbeeren

Die Sonne scheint tagelang auf die vielen Beeren,
den Heißhunger darauf kann uns niemand verwehren,
wenn wir die dicken, roten Früchte sehen,
pflücken wir schnell welche unbesehen,
es ist doch Mundraub, das ist doch nicht schlimm,
doch sehen wir mal genauer hin,
da sind ja noch andere, da sind ja viel mehr
das schadet dem Bauern doch wirklich sehr,
so gehen wir lieber in seinen Laden,
dann können wir ein ruhiges Gewissen haben.

13.07. 2016

Die Welt ist schön

Die Welt ist schön, die Welt ist bunt,
sie ist so wunderbar und sie ist rund,
geh immer mit offenen Augen umher,
dann erfreut dich ihr Anblick immer mehr.

So viele Kleinigkeiten gibt es zu sehen,
wenn du sie siehst, wirst du verstehen,
das gerade das, was dich bedrückt,
nur eine Winzigkeit ist, zum Glück.

Auch wenn es dir erst so riesig erscheint,
bist du mit dem großen Ganzen vereint,
dann merkst du, es ist doch gar nicht schlimm,
versuch es zu verstehen, nimm es einfach hin.

Eine Amsel singt dir ihr erstes Lied,
es ist schön, dass es einfach geschieht,
eine Knospe der Rose bricht plötzlich auf,
so nimmt alles im Leben seinen bestimmten Lauf.

Denn es ist irgendwo Einer, der alles lenkt,
der dir und allem das Leben schenkt,
die Sonne geht auf, im purpurnen Licht,
wie sie mit Macht durch die Wolken bricht.

So ist die Welt, sie ist einfach toll,
das Leben ist schön und wundervoll,
genieße es, was auch kommen mag,
Jahr um Jahr, Tag um Tag.

12. 04. 2016

Rabenvögel

Hunderter schwarzer Rabenvögel verdunkelten den Tag,
wo dieser riesengroße Schwarm, wohl hergekommen mag,
laut kreischend fliegen sie herum, immer nur im Kreise,
sie kreisen weiter immerzu und plötzlich sind sie leise.

Sie stürzen auf mich zu, geordnet wie ein Geschwader,
ich schau gespannt den Vögeln zu, fühl mich wie im Theater,
dann drehen sie ganz plötzlich ab und fliegen wieder fort,
ich atme auf und denke mir, hoffentlich zum anderen Ort.

Die Wolken sich jetzt auch verzieh'n, die Sonne ist zu sehen,
der Himmel ist jetzt wieder klar, ich möcht nach draußen gehen,
die Natur erwacht, die Luft ist rein, man hört andre Vögel wieder,
es ist so schön durch die Natur zu geh'n, lauschend ihrer Lieder.

21. 07. 2015

Gegenüber

Gegenüber auf dem Rasen,
zwei Elstern sich streiten,
ich beobachte sie lange,
mir viel Freude sie bereiten,
jetzt gesellt sich noch
ein pechschwarzer Rabe dazu,
das Gezeter wird lauter,
doch plötzlich im Nu,
ich weiß nicht warum,
wird es ganz still und leise,
schleicht sich heimlich heran,
auf hinterlistiger Weise,
hinter einem dicken Holunderbusch,
eine graumelierte Katze,
sie duckt sich ganz flach,
springt plötzlich mit ihrer Krallentatze,
mitten zwischen das Federvieh,
noch dazu mit lautem fauchen und miau,
ich diesem turbulentem Treiben,
mit Spaß und Vergnügen zu schau.

05.06. 2016

Spaziergang im September

Gehst du im September hinaus in den Regen,
ist es nicht schön, für die Natur aber ein Segen,
sie dürstet schon, nach feuchtem Nass,
für uns macht es jedoch kein Spaß,
zieh einfach eine Jacke an,
regnet es auch dann und wann,
ist es doch wirklich nicht so schlimm,
geb' nicht viel drum, nimm's einfach hin,
geh unterm Regen einfach her,
dann stört er dich auch nicht so sehr,
zeigt sich dann die Sonne wieder,
geh hinaus sing fröhliche Lieder,
denn ein Spaziergang im September,
ist des Sommers schönster Remember.

07. 09. 2015

Sitze am Fenster

Ich sitze am Fenster und schaue hinaus,
sehe das Wetter und denke oh Graus,
schon wieder Regen, Graupel und fiese Winde,
ich will es nicht mehr sehen, mir die Augen zubinde,
doch es nützt alles nichts, denn es ist auch noch kalt,

hoffentlich kommt der warme Sommer bald,

mit Sonnenschein und wärmerem Wetter,

dann wird die Stimmung auch wieder netter,

denn bei diesem Wetter zwickt es im Rücken,

egal ob im Sitzen oder beim Bücken,

doch trifft mich im Rücken ein Sonnenstrahl,

dann ist es mir schnuppe und völlig egal,

wo ich sitze und was ich tu,

ich schaue mit Freuden den Schwalben zu,

wie sie herum schwirren beim Mückenfang,

da kann ich zusehen Stunden lang,

das ist schön und macht mich froh,

bei warmem Wetter sowieso,

sitze ich am Fenster und schaue hinaus,

das macht mich froh und ist mir kein Graus.

01.06. 2016

Wolken ziehen

Wolken ziehen überm Himmel,

eine erscheint wie ein weißer Schimmel,

die andere zieht mit flinker Hatz,

sieht aus wie Nachbars gefleckte Katz,

so bilden sie immer wieder neue Bilder,

manchmal langsam, manchmal wilder,

werden sie vom Wind getrieben,

bleiben nie an einer Stelle liegen,

ziehen ruhelos umher,

über Land und übers Meer,

sie künden an des Sommers Ende,

der Herbst er kommt behände,

mit dunklen Wolkenbergen dann,

kündigt sich der Winter an.

07.09. 2015

Das Jahr

Ein Jahr

Was bringt uns eigentlich so ein Jahr,

ist es Tag für Tag wunderbar?

Lass es noch mal an dir vorüber streichen,

die schlechten Tage lass einfach weichen.

In Erinnerung, behalte nur die Guten,

und versuche dich zu sputen,

auf deinem neuen Weges Stück,

verlass dich einfach auf dein Glück.

So vergeht auch dein nächstes Jahr,

wieder Tag für Tag wunderbar,

denn wenn du dich auf Freude besinnst,

bist du nicht gefangen im trüben Gespinst.

Vergisst dabei Kummer, Schmerz und Leid,

und es hält für dich wieder Schönes bereit,

mit deinen Freunden und deinen Lieben,

ist dir ein freudiger Quell geblieben.

Auf das neue Jahr freue dich von Herzen,

behalte darin das Licht von tausenden Kerzen,

so bereitet es dir dann auch keinen Schmerz,

und du behältst dir fürs neue Jahr ein freudiges Herz.

01. 01. 2015

Jahr verrinnt

Es ist so weit, es ist Neujahr,
und dir wird plötzlich wieder klar,
es ist schon wieder mal so weit,
ein neues Jahr macht sich bereit.

Zwölf Monate ins Land vergehen,
ist sehr viel Zeit, ganz unbesehen,
zweiundfünfzig Wochen das Jahr hat,
da hast du Zeit wohl satt.

Dreihundertfünfundsechzig Tage,
'ne lange Zeit, wohl keine Frage,
rechnet man's um, einmal in Stunden,
achttausendsiebenhundertsechzig unumwunden.

Wenn es dann mal Minuten sind,
sind's eine Menge, weiß doch jedes Kind,
bist du zurzeit noch gut gelaunt,
fünfhundertfünfundzwanzigtausendsechshundert dich erstaunt.

Verrinnt die Zeit dann in Sekunden,
wirst allen dann erst recht bekunden,
sind's einunddreisigmillionenfünfhundertsechsunddreisigtausend,
oh je, das ist eine Zahl die ist berauschend.

Es kommt doch nicht auf die Stunden an,

sondern was man daraus machen kann,

überlege gut, was du anstellst,

wie du dich im ganzen Jahr verhältst.

Und freue dich aufs neue Jahr,

es wird doch sicher wieder wunderbar,

kümmere dich nicht nur um dich allein,

dann werden die Menschen, um dich herum dankbar sein.

Genieße mit allen, Jahre, Monate und Stunden,

vergnügte Minuten und Sekunden,

denn irgendwann wird es die letzte sein,

dann hast Du nicht gelebt, nur so zum Schein.

02.01. 2015

Das Jahr

Am ersten, ersten, das Jahr beginnt.

Du wirst sehen, wie schnell es verrinnt,

ruck zuck, kommt der letzte Tag schon bald,

Silvester ist es, an dem es laut knallt,

aber tröste dich, es kommen noch viele Tage,

verbringe sie fröhlich, ohne Hast und Plage,

nach Januar folgt der Februar dann,

der hält dich mit Karneval in seinen Bann,

kommt der März mit erstem Sonnenschein,

das findest du schön, das findest du fein,

im April folgt dann wieder Regenwetter,

doch der liebliche Mai wird bestimmt viel netter,

im Juni dann schon der Sommer beginnt,

dadurch die Zeit noch viel schneller verrinnt,

im Juli dann erst recht die Sonne brennt,

du wunderst dich, wie schnell die Zeit rennt,

der August, oh Schreck, ist auch schon da,

das Ende vom Sommer ist schon recht nah,

der Herbst beginnt ja im September,

das steht in jedem Jahreskalender,

der Oktober beschert uns die goldene Zeit,

der Wald hält wunderschöne Farben bereit,

die Stimmung sinkt im grauen November,

des Jahres Ende folgt im Dezember,

der hält für uns die schöne Weihnachtszeit,

mit dem besinnlichen Advent bereit.

Darauf folgt dann am ersten Januar,

das neue Jahr wie es schon immer war.

04.01. 2016

Das neue Jahr

Das neue Jahr kommt mit riesigen Schritten,
es hat in den ersten Stunden sehr gelitten,
es wurde beschossen, dass es nur so knallt,
und aus den Häuserschluchten widerhallt.

So, kommt das Jahr immer wieder aufs neu,
ich mich auf das neue Jahr wirklich freu,
hoffentlich bringt es nur Gutes und Glück,
bringt hoffentlich nicht das Pech zurück.

Wie viel Glück es bringt, das neue Jahr,
liegt nur an dir, das ist dir doch klar,
wenn das neue Jahr super beginnt,
freust du dich, bist glücklich wie ein Kind.

Doch kommt das Jahr mit lautem Knall,
mit mächtigem Pauken- und Trompetenschall,
auch dann wird es irgendwann wieder gut,
und es macht dir immer wieder neuen Mut.

So gehe durchs Jahr, Schritt für Schritt,
dann kommen Mut und Glück mit dir mit,
es ist nicht so wichtig, immer nach Größerem streben,
sondern glücklich mit deinen Liebsten zu leben.

02. 01. 2015

Verrinnt

Mir fällt grade auf, wie das Jahr verrinnt,
eh das neue Jahr beginnt,
die Zeit, die ist so schnell dahin,
das kommt mir heut so in den Sinn,
war eben noch der Januar,
ist der Dezember auch schon da,
freue ich mich auf die Frühlingssonne,
oder auch des Maien Wonne,
schon brennt sie heiß am Sommertag,
als ich am Strand auf der Decke lag
und fallen dann die ersten Blätter,
das Wetter wird auch nicht mehr netter,
von Osten bläst ein kalter Wind,
ob jetzt der Winter bald beginnt,
muss ich dann an die Geschenke denken,
die ich möchte meinen Lieben schenken,
zu Weihnachten, das ist wohl wahr,
ist bald vorbei das jetzige Jahr,
nach Silvester fängt das Neue an,
wie schnell das Jahr, die Zeit verrann.

27. 12. 2016

Brrrrrr....

Brrr... was ist da draußen für ein Wetter,
es wird immer schlimmer und gar nicht netter,
es ist nicht nur feucht, nein es ist richtig nass,
das ist nicht schön, es macht keinen Spaß.

Brrr... jetzt wird es dazu, auch noch kalt,
warm wird es, glaube ich nicht so bald,
was soll'n wir machen, haben doch erst Januar,
jetzt als ich daran denk, wird es mir auch klar.

Brrr... haben keinen Sommer, es ist noch Winter,
danach ist Frühling, Sommer kommt dahinter,
so ist nun mal der Jahreslauf,
den Herbst gibt es noch hinten drauf.

05. 01. 2016

Mitte Oktober

Mitte Oktober, wir haben Schnee,
als ich gerade aus dem Fenster seh',
schneit es ganz fein ohne Unterlass,
wie ich dieses Wetter im Oktober Hass.

Jetzt fehlt uns nur noch auf den Straßen Eis,
die Dächer und Bäume werden weiß,
man sieht keine Sonne alles grau in grau,
wenn ich nach draußen aus dem Fenster schau.

Das kann doch nicht sein, so ein mieses Wetter,
blauer Himmel ohne Wolken wäre viel netter,
Sonne, warme Luft das ist doch besser,
aber anstatt Sonne, wird es jetzt noch nässer.

Goldener Oktober, mit buntem Laub und Sonne,
das ist schön, so genieße ich ihn mit Wonne,
so wird es hoffentlich bald wieder sein,
mit viel Wärme und mit Sonnenschein.

14. 10. 2015

Schnee im Oktober

Schnee im Oktober, welch ein Graus,
wie sieht dann nur der Winter aus,
anstatt bunte Blätter und Sonnenschein,
in der Stube sitzen beim Gläschen Wein.

Beim lodernden Feuer, am warmen Kamin,
am Himmel schon Gänse und Kraniche zieh'n,
zu Weihnachten blüht dann der erste Klee,
anstatt Kälte und herrlich weißer Schnee.

So ist es jetzt schon so manches Jahr
und das finde ich gar nicht wunderbar,
das Wetter, das Jahr ist komplett verdreht,
man weiß schon nicht mehr wohin es geht.

Die Jahreszeiten spielen verrückt,
darüber bin ich überhaupt nicht entzückt,
warum kann nicht Winter, Winter sein
und Sommer mit Wärme und Sonnenschein.

14.10. 2015

Jahreszeiten

Sie hüpfen und springen,
zusammen tanzen sie und singen,
die fröhlichen Kinder im Garten,
auf den Sommer sie sehnlichst warten.

Doch heute, fällt noch einmal Schnee,
bevor ich am Himmel die Sonne seh',
der Himmel klart auf und wird wunderbar blau,
ich zuversichtlich in das neue Jahr schau.

Dann kommt hoffentlich der Frühling bald,
ein Kuckuck aus der Ferne schallt,
die ersten Knospen sind zu seh'n,
und die Krokusse in der Wiese aufgeh'n.

Nach Maiengrün bald Sommer ist,
er hoffentlich nicht die Wärme vergisst,
ohne Regen mit viel Sonnenschein,
möchte ich am weißen Strand sein.

Der Oktober lockt mit bunten Farben,
wir uns an dem Spiel des Laubes laben,
doch im November folgt des Herbstes grau,
dadurch wird meine Stimmung mau.

Folgt der Dezember dann dahinter,

ist glaube ich dann auch schon Winter,

wird es dann auch wirklich kalt,

freu' ich mich auf den nächsten Sommer bald.

05.03. 2015

Hab es erlebt

Ich hab es erlebt, immer wieder,

erklingen im Wald die gleichen Lieder,

die Vögel singen jedes Jahr ihr gleiches Lied

ich weiß bis heut nicht, warum und wie es geschieht.

Auch die Jahreszeiten sind immer gleich,

nur das Wetter spielt uns oft einen Streich,

es ist nämlich nicht immer warm und heiß,

warum nur, wer das wohl weiß?

Ich glaube, das kann uns niemand sagen,

aber wir wollen auch nicht wirklich klagen,

wir nehmen es einfach so wie es kommt,

hast du keinen Schirm kommt der Regen prompt.

Das Jahr, die Monate, die Jahreszeiten,

werden uns auch weiter hin begleiten,

nach Herbst und Winter, die kalte Zeit,

hält uns Frühling und Sommer, Sonne bereit.

So wirst du es immer wieder im Leben erleben,

es wird Frühling, Sommer, Herbst und Winter geben,

die Vögel singen jedes Jahr ihr gleiches Lied

auch wenn du nicht weißt, warum es geschieht.

14.07. 2016

365 Tage

365 Tage, gehen so schnell dahin,

das kommt mir gerade so in den Sinn,

viel ist darin passiert, das ist wohl wahr,

Ereignis reiches Jahr, 2016 war,

2017 folgt, mit Riesen Schritten,

lässt sich auch nicht lange bitten,

es beginnt, wie immer im Januar,

mit 31 Tagen, ist jedem Kind klar,

danach kommt der Februar, es ist noch kalt,

im Märzen der Frühling folgt dann bald,

der April begießt uns, wie immer mit Regen,

das ist für die Natur wahrlich ein Segen,

doch im Mai wird es langsam warm,

gehst spazieren mit der Liebsten im Arm,

im Juni ist Sommer, hoffentlich mit Sonne,

das wäre auch im Juli eine Wonne,

ab August es dann in Urlaub geht,

im September der Bauer das Gras abmäht,

der Oktober bringt uns die bunten Blätter,

vom November an wird es nicht mehr netter,

im Dezember das Jahr zu Ende geht,

von Osten ein kalter Wind her weht,

so vergeht immer wieder Tag für Tag,

egal was das neue Jahr auch bringen mag.

31.12. 2016

Frühling

Wenn der Frühling naht

Wenn die ersten Sonnenstrahlen,
sich herab vom Himmel malen,
naht der Frühling dann bestimmt,
Vogelgesang um uns herum erklingt.

Sich an Sträuchern und an Zweigen,
die ersten zarten Knospen zeigen,
und sich zeigt das erste Grün,
pelzige Kätzchen an Weiden erblüh'n.

Wenn in der noch kalten, kahlen Natur,
die Tiere erfreuen sich in Feld und Flur,
die Vögel zwitschern und fröhlich singen,
die fröhlichen Lieder des Frühlings erklingen.

Dann ist es so weit, der Frühling naht,
die Bauern bringen aus die erste Saat,
ganz langsam wird es wieder warm,
glücklich halten wir uns auf der Bank im Arm.

13.03. 2015

Maikäfer

Ein Maikäfer kommt geflogen,
setzt sich auf meine Hand,
es kribbelt es krabbelt,
er sitzt schon am Rand.

Er öffnet die Flügel,
er fliegt zum nächsten Baum,
ich schaue im nach,
und sehe ihn kaum.

Es war der Erste,
in diesem Jahr,
ich bin wirklich gespannt,
ob es auch der Letzte war.

14.05. 2015

Im Märzen

Im Märzen der Bauer, so heißt es im Lied,
doch immer weniger auf dem Felde man sieht,
immer mehr Einheitssaat und Einheitskultur,
fast sieht man riesige Maisfelder nur.

Aber nicht für Nahrung, sondern für Biogas,
kaum Gemüse und Wiesen für Gras,
es wird immer mehr ausgeklügelt und optimiert,
auch wird immer mehr Gen ausprobiert,

Natürliche Nahrung, gibt es fast nicht mehr,
aber das interessiert doch keinen mehr,
gespritztes Gemüse und lackiertes Obst,
mich immer mehr ärgert und erbost.

Ich würde so gern pflücken, frisches Obst vom Baum,
doch man sieht diese schönen Obstwiesen kaum,
auch gibt es immer weniger Bienen,
die uns mit leckerem Honig bedienen.

Irgendwann, kriegen wir die Natur schon klein,
was wird dann nur mit unseren Enkeln sein,
wovon sollen sie sich dann überhaupt noch ernähren,
denn es gibt dann auch keine wilden Kräuter und Beeren.

Drum schaut was die da Oben so machen,

sie erfinden immer wieder neue künstliche Sachen,

lasst Euch bloß nicht alles gefallen,

befreit euch aus den Zwängen und Krallen.

Genmais und Genhähnchen, was es sonst noch so gibt,

sind glaube ich, nicht wirklich beliebt,

drum wehrt euch und zeigt denen da Oben auf,

was nimmt unsere Erde für einen Verlauf.

25.03. 2015

Frische Triebe

Frische Triebe, sattes Grün,

die aus Knospen sprießen,

erste Narzissen die erblüh'n

Natur die wir genießen.

Auch die Vögel jubilieren,

mit dem warmen Sonnenstrahl,

um den Nistplatz duellieren,

sie sich eins um andere mal.

Wenn die Sonne morgens leuchtet,

überm Horizont hervor,

wird dir klar was es bedeutet,

staunend stehst du dann davor.

Zieht sie übers Firmament,

und die Zeit dabei verrinnt,

erkennst des Schöpfers Testament,

kommst du dir vor noch wie ein Kind.

09.04. 2013

Moment kalt

Im Moment ist es noch kalt,

ich hoff' der Frühling kommt jetzt bald,

der Wind pfeift noch um alle Ecken,

es hagelt, oh was für ein Schrecken,

der April zeigt sein Gesicht,

es wäre schön wenn er mal bricht,

mit der Regel die schon alt,

das es regnet und ist kalt,

im letzten Jahr da war's schon warm,

nimmt er uns diesmal auf den Arm,

doch bald schon kommt der liebe Mai,

dann ist die Kälte wohl vorbei,

stimmt die Regel so nicht immer,

wird es im Mai vielleicht noch schlimmer.

06.04. 2016

Frühling im April

Endlich scheint die Sonne wieder,
es erklingen fröhlich Lieder,
sanft schwingen sie durch Luft und Raum,
der Vögel viele sieht man kaum.

April ist's, nachts ist es noch kalt,
ich hoffe der Frühling kommt jetzt bald,
die ersten warmen Sonnenstrahlen,
durchs Wolkenloch kann man erahnen.

Aber auch manch anderes Getier,
sieht man in Strauch und Hecken hier,
ein Igel schaut mit spitzem Mund,
durch das Gestrüpp und tut uns kund.

Schaut her, ich bin schon helle wach,
noch eingedeckt vom Blätterdach,
zieht er sich wieder schnell zurück,
denkt, ich schlaf doch noch ein Stück.

Der Frühling kommt wohl erst im Maien,
will er sich jetzt schon Wärme leihen,
damit die ersten Knospen sprießen,
sich Krokusteppiche ergießen.

Auf der Wiese vor dem Haus,

trauen sich Gänseblümchen raus,

erstrahlen klein in reinem weiß,

Kinder tanzen, lachend im Kreis.

Ja, jetzt kommt er bald mit Macht,

der Frühling, doch er kommt erst sacht,

mit ersten warmen Sonnenstrahlen,

kann man ihn schon erahnen.

09.04. 2015

Frühling ?

Mit wundervollem Blütenreigen,

der Frühling uns begrüßt,

will er den Sommer uns anzeigen,

womit er uns vergnügt.

Mit Sonne und mit Regen,

der auf die Erde fällt,

ist für Natur ein Segen,

wohl auf der ganzen Welt.

Schaut auf die wunderschöne Welt,

lasst sie uns froh genießen,

umsonst ist sie, kost' gar kein Geld,

auch die Blumen die bald sprießen.

Nur lange wird es nicht mehr gehen,

wenn wir so weiter machen,

wir keinen klaren See mehr sehen,

haben bald nichts mehr zu lachen.

Die Luft kratzt uns in unseren Lungen,

von Luftverschmutzung überall,

kein Vogel hat sein Lied gesungen,

gibt es bald einen lauten Knall?

Bedenkt dies wohl in eurem Handeln,

werft nichts achtlos in die Natur,

denn alles kann die Natur verschandeln,

auch die Zigarettenkippe nur.

Denn auch unsere Enkel wollen später,

reine Luft und Wasser sehen,

uns nicht schimpfen Umwelttäter,

und durch saubere Wälder gehen.

23.04.2014

Maienwetter

Ich lehne am Stamm einer alten Linde
und lausche dem Klang nördlicher Winde,
wie sie rauschen durch Äste und Blätter,
als klagten sie an das verregnete Wetter
und leise durch die nasskalten Winde,
hör ich das Lachen von einem Kinde,
wie es hüpft durch eine patschende Pfütze,
wirft in die Luft seine rot leuchtende Mütze,
dazwischen hör ich das Lied einer Meise,
auf einer wohlklingend, lieblichen Weise,
nun stimmen noch andere Vögel mit ein,
es erscheint auch wieder Sonnenschein,
so lehne ich noch immer am Stamm der Linde
und lausche dem Lied vom Kind und dem Winde.

03.05. 2016

Warten

Wär's doch schon Frühling in der Natur,
doch schaust du hinaus in Feld und Flur,
da ist überhaupt noch kein Grün zu sehen,
weil immer noch eiskalte Winde wehen.

Ich sehne die Wärme der Sonne herbei,
wenn es auch nur für ein Stündchen sei,
schickt sie ihre Strahlen aus dem Dunkel hervor,
wagt sie sich dann zaghaft aus dem Wolkentor.

Schau, grüne Spitzen sind endlich zu sehen
am Stiel, weiße Glöckchen in der Mitte stehen,
die ersten Boten, nach Kälte und Winter,
folgt dann der erhoffte Frühling dahinter.

Dann hat sich das lange Warten gelohnt,
wenn am Himmel wieder die Sonne thront,
dann folgt dahinter der Sommer bald,
der Gesang von den Vögeln wieder erschallt.

25.02. 2015

Frühling kommt

Frühling kommt, wir freuen uns drauf,
das Jahr nimmt weiter seinen Lauf,
es scheint die Sonne, es wird warm,
die Pärchen gehen Arm in Arm,

Frühling ist es, Krokusse sprießen,
alle die warme Sonne genießen,
bald blühen Tulpen und Narzissen,
wir liegen gern im Blütenkissen.

09.03. 2015

Maienluft

Ich saug sie ein die Maienluft,
so klar und auch so rein,
der Frühlingsblumen feiner Duft,
kann nicht schöner sein.

Die kleinen Blüten herrlich weiß,
im Grün der Auenwiesen,
flöcht ich zu einem Blütenkreis,
so will ich es genießen.

Wenn ich hier sitze und um mich schau,

mit fröhlichem Gesange,

über mir das Himmelsblau,

so wird mir gar nicht bange.

Denn dem Gesang vom kleinen Spatz,

dem hör ich gerne zu,

so genieß' ich Frühling ohne Hatz,

mit Glück und auch mit Ruh.

Das wünsch ich allen die dies hören,

sie sollen es erleben,

der Frühlingsduft mag euch betören,

in eurem ganzen Leben.

23.04. 2014

Sonnenstrahl

Durch des einheit's Wolkengrau,

erscheint ein einz'ger Sonnenstrahl,

wenn ich hinauf zum Himmel schau,

erscheinen mehr von mal zu mal.

Wie hab' ich's Sonnenlicht vermisst,

das wärmend auf die Erde fällt,

über den Winter man's vergisst,

wie es uns die Tage sonst erhellt.

Drum Frühling komm und leuchte,

mit hellem, warmen Sonnenstrahl,

weißt du was es bedeute,

der Knospentrieb von mal zu mal.

Wenn nur die Sonne schiene,

aufs helle lichte Grün,

fällt's leicht der Knospentriebe,

und Blüten voll zu erblüh'n.

Auch wir das Licht ersehnen,

in vollem warmem Strahl,

und wir dann auch verstehen,

des Knospentriebes Qual.

Scheint endlich dann die Sonne,

viele Knospen sind zu seh'n,

das erfüllt uns jetzt mit Wonne,

beim Wandern und spazieren geh'n.

16.04. 2014

Frühlingsbande

Wie einst Mörike schon schrieb,
wenn der Frühling wieder trieb,
erwähne ich nur so am Rande,
kam er mit seinem blauen Bande.

Doch treibt er's wirklich gar so schlimm,
nimmt er es dann auch einfach hin,
das wilde Triebe sich entfalten,
die Gefühle wohl enthalten.

Sie fallen über Jeden her,
gefallen Tier und Menschen sehr,
auch kribbelt's dir nicht nur im Bauch,
das Herzelein dir bubbert auch.

Der Meisenmann lockt mit Gesang,
der über Feld und Wiesen klang,
die Meisin hört von weitem zu,
er singt weiter, gibt keine Ruh.

Bis sie fliegt auf seinen Ast,
er blieb sitzen ganz ohne Hast,
sie schaut ihn an und piepst ganz leise,
eine wundersame Weise.

Nicht nur Meisen und anderem Getier,

geht es so, nein vielleicht auch dir,

flattern im Bauch die Schmetterlinge,

fühlst du sonst auch noch andere Dinge.

Der Mörike, der wusst' es schon,

der Frühlingsgefühle herrlich Lohn,

ist das die Liebste bei dir ist,

und sie ein Leben lang nicht vergisst.

08.03. 2016

Sonnenstrahl

Durch des einheit's Wolkengrau,

erscheint ein einz'ger Sonnenstrahl,

wenn ich hinauf zum Himmel schau,

erscheinen mehr von mal zu mal.

Wie hab' ich's Sonnenlicht vermisst,

das wärmend auf die Erde fällt,

über den Winter man's vergisst,

wie es uns die Tage sonst erhellt.

Drum Frühling komm und leuchte,
mit hellem, warmen Sonnenstrahl,
weißt du was es bedeute,
der Knospentrieb von mal zu mal.

Wenn nur die Sonne schiene,
aufs helle lichte Grün,
fällt's leicht der Knospentriebe,
und Blüten voll zu erblüh'n.

Auch wir das Licht ersehnen,
in vollem warmem Strahl,
und wir dann auch verstehen,
des Knospentriebes Qual.

Scheint endlich dann die Sonne,
viele Knospen sind zu seh'n,
das erfüllt uns jetzt mit Wonne,
beim Wandern und spazieren geh'n.

16.04. 2014

Sommer am Teich

Libellen und auch Schmetterlinge,
fliegen flirrend überm Teich.
Ich träum und denk an schöne Dinge,
ein Frosch ins Wasser hüpft sogleich.

Die Mücken schwirren übers Wasser,
im Schilf der Haubentaucher steckt.
Die Ente taucht und wird nicht nasser,
der Karpfen wohl den Angler neckt.

Ich lieg im Gras und schau zum Himmel,
im Wind die Wolken vorüber zieh'n.
Ein Vogel fliegt durchs Mückengewimmel,
dumpfe Gedanken aus meinem Kopfe flieh'n.

So sollt der Sommer immer sein,
mit Wärme und mit Sonnenschein.
Und nicht mit Kälte und mit Wind,
dann freut sich wirklich jedes Kind.

05.08. 2009

Sommer, Sonne

Sommer, Sonne Sonnenschein,
scheinen in mein Herz hinein,
Regen der aufs Haupte fällt,
mein Gemüt nicht grad erhellt.

Zufrieden sind wir mit keinem Wetter,
trotzdem wäre es wirklich netter,
gäbe es mehr Sonnenschein,
der scheint in meine Seele hinein.

05.08. 2009

Frühe Sonne

Morgens ganz früh, die Sonne schon lacht,
hab nicht lange überlegt, hab mir gedacht,
genieße die Sonne, so lange sie scheint,
eh der Himmel wieder dicke Tränen weint.

Durch die warme Sonne, hebt sich meine Laune,
besonders, wenn ich die bunten Blüten bestaune,
drum geh ich so gerne durch Feld und Flur,
und betrachte die Wunder der schönen Natur.

Voller Glücksgefühle will ich durch die Felder gehen,
kann mich nie an der Schönheit Drumherum satt sehen,
immer neues gibt es draußen zu entdecken,
ein Marienkäfer, ein schönes Haus der Schnecken.

Vielfältig ist um uns herum die Welt,
die mir ihrer Schönheit allen gefällt,
drum lasst uns an unsere Kinder denken,
und unser Tun auf die saubere Umwelt lenken.

03.06. 2017

Schwalbe im Sommer

Eine Schwalbe macht noch lange keinen Sommer,
aber ein Sommer ohne Schwalbe ist kein Sommer,
denn die Schwalbe frisst ein Kilo Mücken,
das ist im Sommer ein Entzücken,
die uns dann nicht mehr stechen können,
dann kann ich mir ein Eis mehr gönnen,
lieg auf der Liege, schau zum Himmel
sehe Schwalben, kein Mückengewimmel,
denn ein Sommer ohne Schwalbe ist kein Sommer
und eine Schwalbe macht doch einen Sommer.

07.07. 2017

Warten

Drei Monate wart' ich auf Sonne schon,
12 Wochen lang war's monoton.
Die Wolken ziehen grau in grau,
wenn ich in den Himmel schau.
Kein Strahl war in der Zeit von Ihr zu sehen,
dies Wetter kann einem auf die Nerven gehen.
Wann kommt der Sommer, könnt Ihr's mir sagen?
Oder muss ich wieder meinen Grasfrosch fragen.
Er sitzt und quakt auf seiner Leiter,
so geht das Wetter wirklich nicht mehr weiter.
Bald ist dann schon der Herbst zu seh'n,
so kann es nicht mehr weiter geh'n.

27.06. 2014

Ein Sommertag

Eine Schwalbe hoch oben am Himmel schwebt,
der Bussard noch höher am Firmament steht,
es ist nirgends eine Wolke zu sehen,
in leichter Brise sich bunte Windmühlen drehen.

Es ist ein herrlich warmer Sommertag,

an dem ich faul auf der Liege lag,

an meinem linken Ohr eine Fliege summt,

um mich herum eine Biene brummt.

Von rechts weht her ein besonderer Duft,

der Rauch vom Grill liegt in der Luft,

ein leckeres Mal steht uns bevor,

so stell ich mir den Sommer vor.

27.06. 2017

Hitze im Sommer

Oh je, was ist das für eine Hitze,

es rinnt der Schweiß, wenn ich nur sitze,

schwül ist es und auch noch drückend,

ich finde es überhaupt nicht beglückend,

es wird noch schlimmer, es droht ein Gewitter,

ach je, das ist blöde, das ist wirklich bitter,

die Angst zieht hoch, drückt auf meine Brust,

das ist grausam, macht mir keine Lust,

taghell erleuchtet ist plötzlich das Zimmer,

man hört von mir nur noch ein Gewimmer,

unterm Küchentisch sitze ich in der Hocke,

vom Kirchturm her läutet hell die kleine Glocke,

zu mir gesellt sich das kleine Kätzchen,

sucht sich bestimmt ein sicheres Plätzchen,

ich finde beim Kätzchen ein wenig Halt,

das Fenster steht auf einen winzigen Spalt,

dadurch höre ich den Regen kräftig plätschern,

meine Haut ist im Gesicht bestimmt ganz wächsern,

ich glaube es zucken tausende Blitze,

immer schlimmer wird die brütende Hitze,

es grummelt und laut der Donner knallt,

der fürchterlich von den Wänden widerhallt,

hoffentlich ist das Gewitter bald vorbei,

dann ist mir sogar die Hitze einerlei.

22.06. 2017

Sommersonne

Wärmt uns am Tag die Sommersonne,

ist's für die Knochen eine Wonne,

scheint sie uns auch noch auf den Rücken,

dann jubeln wir voller entzücken.

Haben lange darauf warten müssen,

davor hatten wir Kälte mit Regengüssen,

das war wirklich nicht sehr schön,

die Natur wollte uns nicht recht verwöh'n.

Dafür knallt jetzt an allen Tagen,
die Sommersonne, wir wollen nicht klagen,
der Regen kommt bestimmt bald wieder,
dann zwicken uns wieder die Glieder.

Drum lasst uns die Sommersonne genießen,
wenn auch die Sonnenpöckchen sprießen,
und rinnt irgendwann auch mal der Schweiß,
weil uns die Sonne ist zu heiß.

Such dir ein schönes Schattenplätzchen,
gemeinsam mit dem Schmusekätzchen,
und brennt zu stark die Sommersonne,
verkriech dich in die Regentonne.

31.05. 2017

Septembernebel

Geh ich durch den Septemberwald
und seh' die Nebel ziehen,
dann weiß ich nun, es ist schon bald
das auch die Gänse fliehen.

Manches Blatt wohl an dem Baum
verfärbt sich leicht ins Gelbe,
die Wechsel hier in Zeit und Raum
die zeigen sich schon Bälde.

Der Herbst er kündigt sich schon an
mit Sturm und Windgebrause,
ich zieh mir dicke Sachen an
und bleibe nicht zu Hause.

Geh ich hinaus in die Natur
und freu mich an den Farben,
überall klingt es in Moll und Dur
kann mich daran erlaben.

30.09. 2013

Sommer im Wald

Wie ist der Sommer bei uns im Wald,
es ist stickig, ist gar nicht kalt,
um dich herum die Mückenschwärme,
ärgern dich mehr noch als all die Wärme.

Gehst du noch tiefer in den Wald hinein,
fühlst du dich vollkommen allein,
schwül ist es, nicht nur warm,
deine Sinne schlagen langsam Alarm.

Denn um dich herum ist es still und leise,
auf eine vollkommen, unheimliche Weise,
du hörst nicht mal einen Vogel singen,
hörst keine Melodie erklingen.

Das Schweigen lastet auf deiner Brust,
zum Weitergehen verspürst du keine Lust,
du möchtest dich am liebsten verstecken
und deine Stichwunden der Mücken lecken.

07.07. 2017

Grillen

Ich sitze im Gras gemütlich im Stillen,
da wird es laut, es zirpen die Grillen,
dabei wollte ich, ganz einfach im Stillen,
nur einige leckere Bratwürstchen grillen.

18.07. 2015

Sonnenbrand

Liegst du in der Sonne am Strand,
bist du Ruck zuck völlig verbrannt,
du musst dich unter den Sonnenschirm legen,
das ist für deine Haut bestimmt ein Segen,
noch besser du lässt dich von der Liebsten einreiben,
dann kannst du bestimmt länger am Strand bleiben,
wenn du so liegst in der Sonne im Sand,
bekommst du auch keinen Sonnenbrand.

07.08. 2014

Sommergewitter

Ich glaube ein Sommergewitter zieht auf,
und Sturm gibt es noch zusätzlich oben drauf,
der Wind bläst die Wolken heran mit Macht,
dass es so schnell kommt, hätte ich nicht gedacht,
in der Ferne die ersten Blitze zucken,
um mich herum alle zum Himmel gucken,
kurz darauf auch schon der Donner hallt,
der Regen folgt auch schon bald,
so ist nun mal ein Sommergewitter,
jetzt werde ich nass und das ist bitter.

18.08. 2015

Sommer

Sommer ist

Sommer ist bei

Sommer ist bei uns

Sommer ist bei uns meistens

Sommer ist bei uns meistens schwül

Sommer ist bei uns meistens schwül und

Sommer ist bei uns meistens schwül und drückend

Sommer ist bei uns meistens schwül und

Sommer ist bei uns meistens schwül

Sommer ist bei uns meistens

Sommer ist bei uns

Sommer ist bei

Sommer ist

Sommer

07.07. 2017

Herbstlied

Von den Ästen fallen Blätter
in allen Farben von gelb bis rot,
tanzen wild um mich herum
zeigen so des Sommers Tod.

Nebel ziehen durch die Bäume
Vögel Abschiedssymphonie,
vom Wind getrieben auf den Haufen
an dem Wege liegen sie.

Kinder laufen flink hindurch
man hört dabei sie lustig lachen,
durch wild gewordenen Blätterregen
sieht man sie Purzelbäume machen.

So geh ich fröhlich durch die Natur
wenn herbstlich leuchtet unser Wald,
und über mir die Gänse ziehen
der Wind verkündet den Winter bald.

08.09. 2012

Novembertag

Am Morgen rot die Sonne aufgeht,

über Mittag ein rauer Wind herweht,

Nachmittags peitscht Regen herab,

des Abends fällt das letzte Blatt,

das ihr im roten Sonnenuntergang seht,

und nachts der Halbmond am Himmel steht,

das ist der letzte Novembertag,

so wie ich ihn gerne mag.

27.11. 2014

Die Farben des Herbstes

Wer kann mir sagen, die Farben des Herbstes,

grün-gelb nennt man wohl als erstes,

danach färben sie sich in orange,

haben die Blätter noch eine Chance,

oh ja, es folgt ein leuchtendes rot,

auch dann sind sie immer noch nicht tot,

langsam werden sie dann richtig braun,

unser Wald ist immer noch schön anzuschaun',

der goldene Oktober überall im Wald,

zeugt von dem kommenden Winter bald,

ich finde der Herbst ist eine besondere Zeit,

denn er hält für uns immer neue Farben bereit,

drum gehe hinaus in Wald und Flur,

es ist so schön die herbstliche Natur,

am Firmament die Kraniche zieh'n,

auch die meisten Singvögel flieh'n,

Frost und Kälte die bringt der Winter,

vielleicht folgt auch noch Schnee dahinter,

so endet das Jahr wie zu jeder Zeit,

hält für uns immer neue Überraschungen bereit.

13.10. 2016

Grau

Graue Nebel, graues Licht,

weit versperrt ist unsere Sicht,

graue Gedanken schwirren im Geist,

sie uns die Fröhlichkeit vereist,

so wirkt das November Grau,

ich sehne mich so,

nach des Himmelsblau.

Doch wartet,

es kommt bald die Weihnachtzeit,

sie hält uns bereit eine fröhliche Zeit.

18.11. 2014

Sommer im November

Die Sonne lacht am blauen Himmel,
am Teich noch reichlich Mücken wimmeln,
die Temperatur bei fast zweiundzwanzig Grad,
lieg im Sessel, nehme ein Sonnenbad,
komm mir nicht vor, wie im November,
schon eher scheint's mir Mitte September,
jetzt bleibt es noch so bis zum ersten Advent,
wenn dann das erste Lichtlein brennt,
dann wird es kalt und es kommt Frost,
mit der ersten weihnachtlichen Post,
zum Heiligabend gibt es dann Schnee,
nicht wie letztes Jahr nur grüner Klee,
der bleibt bis zum zweiten Januar,
so lange bleibt es kalt und klar,
danach kann die Sonne wieder kommen,
der Winter fühlt sich auf den Arm genommen,
ist mir egal, *Hauptsache* der Sommer ist nah,
wie im November in diesem Jahr.

03. 11. 2015

Novembersonne

Novembersonne kalt und weiß,

ist nur noch lau und nicht mehr heiß,

sie scheint mir grell in mein Gesicht,

nur noch mit kalt gleißendem Licht,

sie steht sehr tief am Firmament,

wie man es aus dem Winter kennt,

kein Wölkchen sich am Himmel zeigt,

der Herbst sich wohl dem Ende zu neigt,

so kündigt sich der Winter an,

hält uns bald fest in seinem Bann,

Novembersonne noch einmal zu sehen,

ehe die kalten Winde wehen.

30.11. 2015

Das Eichhorn und die Amsel

Zwischen dünnen Krüppelästen,

sitzt ein kleines Hörnchen,

die Backen voll von hundert Nüssen

und knabbert an 'nem Körnchen.

Kein zweites Eichhorn ist zu seh'n,

es fragt sich nun, was soll ich machen.

Ich weiß nicht wie's überwintern geht,

ich glaub, ich habe nichts zu lachen.

Mit einem Wurm im Schnabel,

kommt plötzlich eine Amsel an

und landet auf dem Aste,

sie landet genau nebenan.

Schaut zum Eichhorn hin und nickt,

das Eichhorn weiß nicht was soll es heißen,

so'n Wurm der macht doch keinen Sinn,

das ist doch nichts Richtiges zu beißen.

Die Amsel sagt, ich zeig es dir,

das richtige überwintern,

du packst dich ein mit warmem Moos,

leg'st dich auf deinen Hintern.

Und scheint der erste Sonnenstrahl,

durch's Eingangsloch auf dein braunes Fell,

dann stehst du auf und freust dich toll,

es ist Frühling und die Sonne scheint hell.

03.11. 2014

Zug der Vögel

Unter grauen Nebelschwaden
sah ich Kranichschwärme ziehen,
in des Waldes Blätterteppich
Igel vor der Kälte fliehen.

Kreischend flattern hundert Gänse
ein Pfeil am Himmel wie gewollt,
Eichhörnchen sammeln fleißig Eckern
in seinen Bau der Dachs sich rollt.

So geht der Lauf der Jahreszeiten
Jahr für Jahr fliegt es dahin,
ob Baum, ob Strauch oder ein Halm
für alle macht es einen Sinn.

Auch wir erleben Jahreszeiten
Frühling, Sommer und den Herbst,
wir uns auf's Alter vorbereiten
das so manchem früher schmerzt.

05.10. 2012

Herbst

Herbst ist's, man sieht es an den Farben,
die Wolken grau herüberziehen,
auf den Feldern reife Garben,
und über uns die Reiher fliehen
die bunten Blätter fallen,
es riecht nach Herbst und Laub,
der Vögel Gesang verhallen,
der Winter kommt bald, ich's glaub.

12.10. 2014

Herbst kommt

Der Herbst er kommt, die Blätter fallen,
ist es die schönste Zeit von allen?
Nicht unbedingt, denn dann und wann,
fangen auch die Stürme an.

Gehst du durch den bunten Wald,
von fern der Ruf des Uhus schallt,
wird langsam still in Feld und Flur,
legt sich zur Ruh Mutter Natur.

Nebel zieht vom Fluss herauf,

so nimmt der Herbst wohl seinen Lauf,

es ziehen Gänse und auch Reiher,

in die Ferne vom See und Weiher.

So kündigen Sie die Kälte an,

sie kriecht vom Norden zu uns heran,

der Herbstwind bläst, die Blätter tanzen,

das ist und bleibt ein Teil vom Ganzen.

So ist nun mal der Zeiten Lauf,

ich freue mich schon so darauf,

das irgendwann der Frühling naht,

hält Wärme und frisches Grün parat.

19.09. 2015

Nebelfetzen

Nebelfetzen hoch über den Wipfeln,

es fühlt sich an, als würden sie mich kitzeln,

all meine Sinne werden angesprochen,

ich glaube den Duft hab ich schon gerochen.

Den Duft von Tanne im dichten Wald,

durch den Nebel wird es mir innerlich kalt,

hör ich von Ferne den Uhu schrei'n,

scheint mir im Nebelwald einsam zu sein.

Ein Wolf durchstreift den dunklen Wald,

sein Ruf im Dickicht gruselig erschallt,

man hört ihn jetzt aus der Ferne schon,

es antwortet ihm einsam sein Sohn.

So schallt es von Ferne und von nah,

ich hör den Wolf, den ich vorhin sah,

der Uhu antwortet aus dem Tann,

die Zeit vergeht, die Zeit verrann.

19.09. 2015

Zeichen der Kraniche

Wer weiß zu deuten die Zeichen,

die sich niemals wirklich gleichen,

sie entwerfen immer andere Bilder,

es sieht aus, als würden sie immer wilder,

jedoch es herrscht Ordnung und Gleichklang darin,

das Flugbild der Vögel hat einen ganz bestimmten Sinn.

12.10. 2016

Herbst

Herbst ist

Herbst ist grau

Herbst ist grau und

Herbst ist grau und bunt

Herbst ist grau und

Herbst ist grau

Herbst ist

Herbst

23.10. 2016

Nebelgespenster

Nebel wallen, Regenschauer,

ich hoffe es ist nicht von Dauer,

die Sonne geht viel später auf,

nimmt auch schneller ihren Lauf.

Grau ziehen die Schleier durch die Gassen,

lässt sich mit deinen Sinnen nicht fassen,

schaust um dich, meinst du siehst Gespenster,

es scheint sie lauern hinter jedem Fenster.

Dann kommt die Sonne, der Nebel reist auf,
die Stimmung steigt, du bist gut drauf,
es wieder heller, die Gespenster sind fort,
jetzt ist es wieder ein sicherer Ort.

Keine Schauer und kein Nebel mehr,
das ist gut, es freut dich sehr,
verschwunden sind endlich die Gespenster,
die du gesehen hinter jedem Fenster.

19.09. 2015

Graue Schwaden

Beim Blick aus dem Fenster in den Wald,
wird mir automatisch kalt,
es ziehen heraus gräuliche Schwaden,
ziehen durch die gerade geschlossenen Laden,
sie schleichen sich bis in mein Zimmer,
die Kälte bleibt hoffentlich nicht für immer,
mache an das Feuer im Kamin,
wodurch sich die grauen Schwaden verzieh'n.

15.11. 2013

Novemberfreunde

Die Krähe ruft in kalter Luft,
der Wind bringt Herbstes Modergeruch.
Im Herbstlaub springt das Eichhorn herum,
man hört kein bisschen Bienengesumm.

Die Reiher schnatternd nach Süden zieh'n
und vor der eisigen Kälte flieh'n.
Nebel wabert durch den Wald,
der Winter kommt, es wird schon kalt.

Das Grauen kommt mit dem schneidenden Wind,
verängstigt läuft durch den Wald das frierende Kind.
Es findet nicht mehr den Weg nach Haus,
es findet nicht aus dem Wald hinaus.

So sitzt es kauernd am klammen Stamm,
ängstlich schleicht sich ein Hund heran.
Er kuschelt sich eng mit dem wärmenden Fell,
herum um das Kind bis es wird wieder hell.

Gemeinsam finden sie aus dem Wald heraus,
das Kind geschwinde läuft nach Haus.
Der Hund hinterher mit wedelndem Schweif,
des Kindes Finger vor Kälte ganz steif.

Es streichelt den Hund am wärmenden Herd,

die Freundschaft von Tieren ist Goldeswert.

Die Beiden sind von nun an ein Zwillingspaar,

das Kind und der Hund mit rotbraunem Haar.

15.11. 2013

November 2015

November, Sonnenschein kein Nebelschleier,

suchen wir schon bald wieder Ostereier,

unter fast grünen Eichen und unter Buchen,

können wir dann die Eier suchen,

das Wetter spielt wirklich im Moment verrückt,

doch beim Spaziergang hat es mich verzückt,

wir gehen spazieren ohne Mütze und Jacken,

keinen Schal und Handschuhe musst du einpacken,

es reicht ein Shirt und vielleicht noch ein Jäckchen,

so reist du zurzeit mit einem kleinen Päckchen,

zwanzig Grad, oder noch ein wenig mehr,

wenig Heizkosten, das freut uns doch sehr,

aber mal ehrlich, ist das wirklich so toll,

Herbst ist anders, man weiß nicht was das soll,

es müsste jetzt eigentlich stürmen und regnen,

die Menschen müssten uns mit Schirmen begegnen,

geh'n wir mit der Natur nicht zu sehr ins Gericht,

was soll es, ändern können wir es nicht,

last der Natur doch einfach ihren Lauf,

egal wie das Wetter, ich freu mich darauf.

07.11. 2015

Herbstkleid

Der Wald zeigt sich im bunten Kleide,

die Schafe sind noch auf der Weide,

es beginnt jetzt eine schöne Zeit,

die Blätter halten bunte Farben bereit,

im Oktober färbt sich die Natur,

nicht im Wald die Blätter nur,

auch die Wiesen und die Felder,

werden immer gelber,

die Natur zeigt sich im bunten Kleid,

hält besondere Schönheit für uns bereit.

18.10. 2016

Flockentanz

Zwischen hängenden Tannenzweigen,
tanzen weiße Flocken den ersten Reigen.
Wie Feen tanzen sie lustig im Wind,
sie Gesandte und Boten des Winters sind.
Die Kinder aus der nahen Stadt,
sehen sich mit Freude an dem Tanze satt.
Mit leuchtenden Augen sie im Walde stehen,
und den hüpfenden Hasen beim Spielen zu sehen.
Sie hüpfen und tanzen den Hasen gleich,
auf dem Boden im Schnee der puderweich.
So tanzen lustig die Flocken im Wind,
auch ich erfreu' mich daran wie ein Kind.
An tanzenden Flocken, die lustig im Wind,
die Boten des nahenden Winters sind.

15.12.2014

Erster Schnee

Pünktlich zum neuen Jahr,
schneit es und dir wird klar,
ja jetzt kommt die Winterzeit,
mach dich auf Schnee und Kälte bereit.

Schaust morgens aus dem Fenster raus,
nur Eis und Schnee, oh welch ein Graus,
denn du bist mit dem Fegen dran,
ist nun mal so, dann und wann.

Musst auch du den Besen schwingen,
auf dem Bürgersteig vor allen Dingen,
streu genügend Sand und Salz,
sonst ist der Weg so glatt wie Schmalz.

Auf der Straße rutscht der Bus,
der wohl Schneeketten haben muss,
ein Auto stellt sich plötzlich quer,
am Rand die Kinder freuen sich sehr.

Sie holen schnell den Schlitten raus,
fahren den Berg runter ohne Paus',
Paulchen fällt schon wieder runter,
Mariechen kugelt sich putzmunter.

Herunter von der kleinen Kuppe,
fährt Mariechen mit der Puppe,
mit dem Schlitten hinter Lars,
so langsam sieht man schon das Gras.

Wird ihnen kalt, gehen sie nach Haus,
Mariechen, Paulchen, Lars und Klaus,
ziehen schnell an die trockenen Sachen,
erzählen der Mutter mit viel Lachen.

Was alles auf dem Berg gescheh'n,
was sie alles so geseh'n,
morgen fahren sie wieder raus,
Mariechen, Paulchen, Lars und Klaus.

27.12. 2014

Im Winter am Vogelhäuschen

Draußen an dem Vogelhäuschen,
sitzen Spatz und auch ein Mäuschen,
knabbern Samen und Meisenknödel,
das Mäuschen und die kleinen Vögel.

Ein Eichhorn gesellt sich noch dazu,
die Vögel flüchten schnell im Nu,
das Mäuschen doch, das ist recht frech
schnappt dem Hörnchen die Samen weg.

Es futtern nicht immer alle zusammen,
das Mäuschen macht sich dann von dannen,
das Hörnchen macht sich wieder breit,
Spatzen und Meisen halten sich bereit.

Kaum ist das Eichhorn endlich fort,
von diesem schönen Futterort,
kommen schnell die frechen Spatzen,
man hört sie auf dem Boden kratzen.

Dann kommen auch die flinken Meisen,
die singen leise ihre Weisen,
zu den Spatzen, zum Futterhaus,
gesellt sich auch die graue Maus.

So geht es zu am Futterhäuschen,
mit Spatz, mit Meise und dem Mäuschen,
immer wieder Tag für Tag,
ich es mit Freude sehen mag.

07.02. 2015

Regen statt Schnee

Wie ich so aus dem Fenster seh',
sehe ich Regen statt weißem Schnee,
draußen ist es uselig, draußen ist es nass,
ihr könnt mir glauben, wie ich das Wetter hass.

Lieber als Schnee, wäre mir warme Sonne,
auf dem Balkon liegen, das wäre die Wonne,
ein Buch lesen, mit einem Gläschen Wein,
mit Musik und warmem Sonnenschein.

Doch schau ich hinaus, seh' ich Nieselregen,
das ist wirklich fies, das ist kein Segen,
da wäre mir lieber der weiße Schnee,
wenn ich im Januar aus dem Fenster seh'.

04.01. 2016

Vorfreude

Draußen liegt Schnee und es ist kalt,
kommt nicht der nächste Sommer bald,
oh nein, wir haben ja erst Januar,
wir haben noch Winter das ist wohl wahr.

In Gedanken sehe ich den Frühling kommen,
das wäre sehr schön ganz unbenommen,
dann würde es auch bald wieder warm,
ich hätte ein Shirt an ohne Arm.

Dann kommt bald der Sommer, es ist heiß,
wir könnten schwimmen gehen wie ich weiß,
auch der Regen wäre dann nicht so kalt,
hoffentlich kommt der Sommer bald.

Die Vorfreude darauf ist wirklich ganz toll,
mein Herz ist schon von Freude voll,
doch ich glaube es dauert noch einige Zeit,
nichtsdestotrotz, halte ich mich bereit.

12.01. 2014

Schneekristalle

Milliarden Schneekristalle liegen auf dem Weg,
der sich windet durch das Tal,
nicht minder viele glitzern auf dem Steg,
der sich überm Bache schwingt ganz schmal.

Tannenzweigen hängen von der Last,
lauter weiße Tuffs von Wattebäuschen,
auch auf and'rer Bäume Ast,
und allen Dächern von den Häuschen.

Krachend bersten erste Zweige,
unter dichtem, dicken Schnee,
meine Kraft geht bald zur Neige,
wenn ich durch den Neuschnee geh.

Plötzlich fällt eine Lawine,
oben von dem Fichtenbaum,
Gott sei Dank, trifft's die Kusine,
und mich trifft es kaum.

Eingebettet bis zum Knie,
steckt sie in dem Haufen Schnee,
zitternd, bebend, jammert sie,
hol schnell Hilfe, los jetzt geh.

Doch ich fass sie an die Hände,
ziehe kräftig mit hau ruck,
schüttle sie mit Kraft behände,
aus dem Haufen, mit viel Druck.

Lachend geh'n wir beide weiter,

durch Milliarden Schneekristalle,

das Wetter wird auch langsam heiter,

der Wald wirkt wie eine kristallene Halle.

23.12. 2014

Plötzlich Kalt

Ich gehe nach draußen, es ist plötzlich kalt,

dabei wollte ich ohne Jacke, gehen in den Wald,

denn gestern da habe ich doch noch geschwitzt,

und heute ist es plötzlich so kalt verflixt.

Haben wir denn schon Winter,

was steckt nur dahinter,

woher kommt denn nur die plötzliche Kälte,

die sich so schnell hier bei uns einstellte?

Zu Weihnachten, war es doch noch so warm,

wer kann mir sagen, woher die Kälte herkam,

plötzlich ist es draußen ganz weiß,

und es ist auch gar nicht mehr so heiß.

Diese schleichende Erderwärmung,

bringt sie den Winter so in Schwung,

das er so schnell über uns kommt,

pünktlich zu Neujahr kommt er prompt.

Ich kann dieses Wetter einfach nicht verstehen,

die Wetterfrösche können es auch nicht vorhersehen,

so muss ich es nehmen, wie es halt ist,

wenn es nur nicht den nächsten Sommer vergisst.

31.12. 2014

Väterchen Frost übler Gesell

Väterchen Frost, dieser üble Gesell,

kommt hoch oben vom Norden,

mit Sturmgebrüll sehr schnell,

ist es jetzt kalt geworden.

Die Flocken fallen und tanzen herum,

die Welt wird ganz leise,

die Welt wird ganz stumm,

man hört nur den Wind als klingende Weise.

Die Kinder auf dem Schlitten,
jauchzen laut und kreischen.
Der Schneemann dort inmitten,
mit dem Gesicht dem bleichen.

Schaut ganz verdutzt um sich herum,
mit seinen schwarzen Kohlenaugen.
Er steht ganz still und stumm
und kann es gar nicht glauben.

Das Väterchen Frost, dieser üble Gesell,
so lieb sein kann zu unseren Kindern,
die sausen mit lautem Gebrüll fort von der Stell,
mit dem Schlitten hinunter oder auf ihrem Hintern.

05.01. 2012

Februar

Februar ist es schon bald,
ja es wird schon wieder kalt,
kommt jetzt erst der Winter,
und Schneefall folgt dahinter,
das muss jetzt nicht wirklich sein,
viel lieber wäre mir Sonnenschein,

ein bisschen Wärme täte gut,

das macht mir wieder neuen Mut,

dass jetzt der Winter ist vorbei,

dies graue, kalte Einerlei,

die Wärme treibt die ersten Triebe,

es wäre schön wenn es so bliebe,

ich glaube das ist nur ein Traum,

wir werden draußen noch nicht braun,

der Winter ist noch nicht vorbei,

dies graue, kalte Einerlei.

01.02. 2015

Welkes Laub

Geh ich durch den Wald am See,

ich nur wenige Menschen seh,

hängt an Büschen und an Bäumen,

welkes Laub, regt an zum Träumen.

Ruhig ist es hier im Wald,

es ist auch noch ein wenig kalt,

kaum ist hier ein Mensch zu seh'n,

die über einsame Wege geh'n.

Nur ganz vereinzelt hängt am Baum,

ein welkes Blatt, man sieht es kaum,

nur kahle Zweige schau'n hervor,

ein kleines Eichhorn sitzt davor.

Ich gehe leise darauf zu,

es schaut mich an, ganz voller Ruh,

dann springt es hoch, den kahlen Stamm,

sitzt auf dem Ast und schaut mich an.

Um ihm herum im welken Baum,

sind manche Eckern, man sieht sie kaum,

es greift danach, knackt sie geschwind,

die Schalen weht hinweg der Wind.

Ich schau ihm nach und denke dann,

wer es doch schön wenn ich es kann,

so durch der Bäume Kronen schwingen,

würd' es mir wirklich auch gelingen?

Möchte ich wirklich dies Hörnchen sein,

der Gedanke ist wahrlich nur Schein,

dies glaube ich, ist nur ein Traum,

ist besser ihm nur zu zuschau'n.

10.02. 2015

Schlechtes Wetter

Bei schlechtem Wetter, Schnee und Griesel,

verkriechen sich, Marder und Wiesel,

es will einfach nicht besser werden,

der Dachs schläft weiter unter der Erden.

Amsel, Sperling und die Meise,

singen im Chor darum nur leise,

die Kälte kriecht unter ihr Gefieder,

so klingen dann auch ihre Lieder.

Hund und Katz' gehen nicht aus dem Haus,

im Nest bleibt auch die graue Maus,

wenn nur die liebe Sonne schiene,

das freute auch die Honigbiene.

Doch ist es nichts mit warmer Sonne,

erst recht nicht mit der Maienwonne,

drum warten wir auf besseres Wetter,

dann wird die Stimmung auch wieder netter.

30.01. 2015

Schnee

Schau ich hinaus in die Natur,
seh' ich nur zarte Flocken
und weißen Glanz überall nur,
ein Reh springt ganz erschrocken.

Hier in dem weißen Winterwald,
von Tieren sieht man lauter Spuren,
auch Fuchs und Hasen ist es kalt,
hier im Wald und auf den Fluren.

Ganz zart legt sich der weiße Schnee,
auf Strauch, dem Baum und Zweigen.
Verträumt ich durch die Landschaft geh,
kein Vogel will sich zeigen.

Die weiße Pracht ist überall,
auch oben auf dem Dache
und plötzlich kommt ein dicker Schwall,
von Oben, ich erwache.

Ich lieg im Bett, war's nur ein Traum,
mich ängstlich an die Stirne fass,
will gerade an mir runter schaun,
da spür ich's schon, die Füße sind nass.

Da muss ich wohl Traumwandelt sein,

mitten in der Nacht,

das ganze war wohl nicht nur Schein,

hab Schnee mit rein gebracht.

08.01. 2010

Advent & Weihnacht

Adventsduft

Advent, mit wunderbarem Duft,
von Zimt und Tanne liegen in der Luft,
auch von Bratäpfel und Maronen,
mit ihrem Duft sie uns belohnen.

Es erinnert mich an die Zeit als Kind,
die Erinnerungen nicht vergangen sind,
es ist, als ob ich bei Oma Mimmi wär',
die Gedanken daran erfreuen mich sehr.

Advent ist für mich eine besinnliche Zeit,
sie hält für mich schöne Erinnerungen bereit,
doch für mich ist erst wirklicher Advent,
wenn sich die Menschheit zu Frieden bekennt.

30.11. 2015

Ein Licht

Ein Licht, das brennt am Kranz mit vier Kerzen,
leuchtet es nur dort, oder auch in Deinem Herzen,
gehe in Dich, schau tief in dich hinein,
wenn es in Dir leuchtet, bist Du nie ganz allein,
die vier Kerzen bezeugen, es ist nicht mehr weit,
freust Du Dich schon, bist Du bereit,
für die besinnliche Zeit, für das kommende Fest,
das so viele Menschen im Inneren jubeln lässt,
doch haben alle den eigentlichen Sinn verstanden,
ist das Verständnis für das Fest noch vorhanden,
geht es heute nicht nur noch um Geschenke und Geld,
regiert der schnöde Mammon nicht die ganze Welt,
nur Hetze, Stress und alles im Laufen,
ganz schnell für den Opa noch Socken kaufen,
unterm Baum, wird alles nur schnell aufgerissen,
nach dem opulenten Essen, liegen auf den Sofakissen,
du siehst nicht das Kind in der Krippe liegen,
überlegst, was kann ich für den Gutschein kriegen,
erblickt's du die leuchtenden Kerzen am Baum,
denkst, warum beachte ich sie kaum,
schau auf das Licht, es flackert im Wind,
über den Lichtschein freust du dich wie ein Kind.

04.12. 2016

Weihnachtsgedanken

Weihnachten, nur ein Gedanke,
Weihnachten was ist das nur,
Weihnachten kann vieles sein,
nicht Geschenke pur.

Weihnachten, ist nicht nur nehmen,
Weihnachten beginnen,
Weihnachten das ist geben,
Weihnacht kommt von innen.

Weihnachten sagt dir dein Herz,
Weihnacht musst du spüren,
Weihnachten ist Kinderglück,
Kinderwangen glühen.

Weihnachten ist Tannenbaum,
viele Lichter brennen,
Weihnachten zusammen sein,
mit Allen die wir kennen.

Weihnachten denkt darüber nach,
Weihnacht ein Gedanke,
Weihnachten kann vieles sein,
nicht nur ein Gedanke.

20.12. 2013

Adventsklang

Advent beginnt mit frohem Klang,
mit Tanne, Kerzen und Gesang,
man hört ihn in manchem Haus,
ein Kind schaut aus dem Fenster heraus.

Es hofft, das es am Firmament,
vielleicht ein helles Licht erkennt,
ein Strahlen wie von einem Stern,
davon träumen alle Kinder gern.

Ich glaub, auch ich bin Kind geblieben,
fühl mich wohl mit meinen Lieben,
gerade jetzt im holden Advent,
wenn Kerze um Kerze niederbrennt.

Die Lichter flackern mit hellem Schein,
geradezu in mein Herz hinein,
wenn das Licht der Kerzen alle Menschen erhellt,
erst dann, herrscht wirklich Frieden auf der Welt.

30.11. 2015

Amaryllis

Die Amaryllis streckt sich stolz empor,

am Stängel drängen sich Knospen hervor,

langsam bricht die erste auf,

bin gespannt und freue mich darauf,

die erste königliche Blüte zu sehen

schau jedes Mal hin im Vorübergehen,

über Nacht steht sie da in voller Pracht,

es ist ein Wunder, wie die Natur, das macht,

fast täglich, ist eine Neue zu sehen

es ist wundervoll, kann es kaum verstehen,

vier Blütenkelche in herrlichen Farben,

kann mich immer wieder daran erlaben,

die Amaryllis blüht oft zur Weihnachtszeit,

zeigt sich dem Christkind in ihrem schönsten Kleid.

04.12. 2016

Eine nachdenkliche Weihnachtsgeschichte

Mitten in Afrika herrscht Krieg. Die islamistische Terrorgruppe „Boko Haram" verbreitet in Nigeria Angst und Schrecken, sie will mit aller Macht einen islamischen Staat über den ganzen Kontinent ausbreiten. Maria und Joshua, arbeiten in einer deutschen Schule und fühlen sich dort wohl und anerkannt. Doch auch in ihre Schule drangen die islamischen Milizen ein und nahmen wahllos Kinder, vor allem Mädchen in ihre Gewallt und verschleppten sie. Als Maria erfuhr, dass sie ein Kind erwartet, beschlossen sie und Joshua zu flüchten. Da sie Beide englisch und deutsch sprachen, wollten sie sich entweder nach England oder Deutschland durch schlagen. Sie hatten ein bisschen Geld gespart und bereiteten heimlich ihre Flucht vor. Doch es sollte dann ganz anders kommen, wie sie es geplant hatten.

Als sie eines Tages aus der Schule nach Hause kamen, hörten sie von weitem schon Schüsse und Schreie aus ihrem Dorf. Sie versteckten sich abseits der Straße in einem Gebüsch und warteten voller Angst, dass sie entdeckt werden. Als alles ruhig war und die Bewaffneten grölend abgezogen waren, hockten sie noch bis spät in der Nacht in ihrem Versteck, eh sie sich heraus trauten, um vorsichtig in Ihr Dorf zu schleichen. Als sie es erreichten, war es noch viel schlimmer, wie sie befürchtet hatten. Alles war zerstört und überall lagen Trümmer herum. Von den Verwandten und Freunden im Dorf war nirgends etwas zu sehen. Auch ihre Hütte war völlig zerstört. Ihre Ersparnisse, Pässe und einige andere Sachen, hatten sie in einer Grube im Hühnerstall vergraben und so waren ihnen noch diese wenigen Habseligkeiten geblieben. In den Trümmern, fanden sie noch ein paar Jacken und einige Anziehsachen, die sie in einem Bündel zusammen schnürten. So machten sie sich auf in das nächste Dorf, das etwa dreißig Kilometer entfernt im Busch lag. Dort wohnte eine Tante von Maria. Sie hatte ihnen von einem Mann berichtet, der ihnen eine Überfahrt in seinem Fischerboot, gegen Bezahlung anbieten könnte. Als sie endlich das Dorf erreichten, bot sich ihnen der gleiche Anblick wie bei ihnen zu Hause. Alles war dem Erdboden gleichgemacht. Ihre Tante und alle Anderen, waren auch nirgends zu entdecken. Sie hockten voller Verzweiflung vor den Trümmern und wussten nicht was sie jetzt machen sollten.

Doch dann sprang Joshua auf nahm Maria in den Arm und sagte zu ihr: „Komm Maria, wir versuchen irgendwie nach Chebba in Tunesien zu kommen. Ich kann mich noch daran erinnern, dass deine Tante davon gesprochen hat, dass der Fischer irgendwo dort im Hafen die Leute auf sein Boot lässt. Vielleicht können wir ja eine Überfahrt nach Europa zu erreichen". So machten sie sich auf den weiten und beschwerlichen Weg, durchs halbe Afrika.

Nach drei Monaten mühseliger Reise, fanden sie am Straßenrand einen Esel. Sie schauten überall herum, ob er wohl Jemandem gehören könnte, aber es war nirgends eine Hütte oder sonst wer zu entdecken. So dankte Joshua Gott, für diesen Esel, nahm das Seil vom Bündel und band es ihm um den Hals. Setzte Maria auf den Esel und gab ihr das Bündel in die Hand, so kamen sie ihrem ersten Ziel am Mittelmeer etwas schneller näher. Nach ungefähr sechs, sieben Wochen, fanden sie eine Höhle irgendwo in den Bergen. Dort machten sie Halt und wollten sich ein oder zwei Tage ausruhen. Als sie am zweiten Morgen wach wurden, war der Esel verschwunden und sie mussten zu Fuß weiter. Sie gönnten sich noch einen Tag Ruhe und machten sich dann wieder auf, über die Berge bis zur Küste des Mittelmeeres. Wie weit ist es noch, wollte Maria wissen, denn sie merkte, dass sich ihr Kind bemerkbar machte und immer öfter strampelte. Joshua wusste es nicht, aber er beruhigt Maria und meinte dass es wohl nicht mehr so weit sei. Nach weiteren drei Wochen, hatten sie die Berge hinter sich gelassen und Chebba war noch rund hundert Kilometer entfernt. Aber jetzt konnten sie, wenn sie Glück hatten Autos anhalten und mitfahren. So kamen sie innerhalb von zwei Tagen dort im Hafen an. Sie suchten nicht all zu lange, bis sie von einem Fischer auf gebrochenem englisch angesprochen wurden, ob sie ein Boot suchen. Es ging dann ganz schnell und ehe sie sich versahen, waren sie auch schon auf dem Meer, Richtung Lampedusa. Doch kurz vor der Küste kam ein mächtiger Sturm auf und sie wären fast gekentert. Durchgefroren und halb verhungert wurden sie von der italienischen Marine aufgefischt. Man brachte sie in ein Auffanglager, das mit einem hohen Gitterzaun umgeben war. Aber alle Gebäude waren schon überfüllt mit anderen Flüchtlingen, so wurden sie in einem Verschlag ganz am Ende des Lagers untergebracht, in dem auch einige Schafe und Ziegen vor der eisigen Kälte Schutz fanden. Am zweiten Tag wurde dann Marias Kind geboren, es war ein Junge und er lag wie das Jesuskind im Stroh bei den Tieren. Sie gaben ihm den Namen Uchenna (Gottes Liebe), Maria und Joshua waren verzweifelt und hatten kaum etwas zu essen. Sie kamen sich vor wie

Verbrecher, weil man sie hinter einem dicken Gitterzaun einsperrte. So hatten sie sich ihre Zukunft nicht vorgestellt.

Sie beschlossen ein weiteres Mal zu flüchten und in drei Tagen bot sich die Gelegenheit. Sie fanden hinten im Zaun ein Loch, durch das sie schlüpfen konnten. Unten im Hafen lag ein Schiff, das nach Hamburg fuhr. Sie schlichen sich an Bord und kamen am zweiten Adventssonntag in Hamburg an.

Dort erging es ihnen auch nicht viel besser als in Lampedusa. Sie wurden in einem Flüchtlingsheim untergebracht und von der Ausländerbehörde verhört. Im Heim war es dreckig und laut, so das Maria mit ihrem Kleinen, kaum Ruhe fand. Trotzdem es genügend Essen gab, nahm sie immer mehr ab und hatte fast keine Milch mehr um ihren kleinen Liebling zu stillen. Sie durften auch nicht arbeiten, um Geld zu verdienen und sich vielleicht eine andere Wohnung zu suchen. Durch all diese Schikanen und Unwegsamkeiten hatten sie schon den Mut verloren und glaubten nicht mehr an das gute im Menschen, aber zurück in Ihre Heimat konnten sie auch nicht mehr.

Erst nachdem eine Woche vor Weihnachten ein Fernsehteam in dem Flüchtlingsheim war und darüber berichtet hatte, wurde es für sie besser. Eine Familie mit drei Kindern, hatte sich gemeldet um Maria, Joshua und den kleinen Uchenna bei sich aufzunehmen und mit ihnen zusammen das Weihnachtsfest zu feiern. So erfuhren sie doch noch Menschlichkeit, Liebe und Zuneigung. Dieses Weihnachtsfest, war eines der schönsten, woran sie sich erinnern konnten.

15.11. 2014

Mein Weihnachtswunsch

All die Waffen, all die Heere,
lasst sie verschwinden in den Tiefen der Meere.
All die Gewalt und all den Hass,
lass sie versinken im großen Nass.
Möge Liebe und Friede sein auf unserer Welt,
dann brauchten wir nicht mehr dies verfluchte Geld.
Wir würden mehr teilen, wir würden wieder schenken
und würden viel mehr an Andere denken.
Die angeblich Großen und Mächtigen dieser Welt,
hätten auch nichts mehr von ihrem Geld.
Auch hätten alle Menschen dieser Welt,
genug zu Essen auf ihrem Feld.
Ich glaube das alles bleibt nur ein Traum,
bei uns zu Haus unterm Weihnachtsbaum.

01.12. 2004

Schenken

Schenken ist,
Schenken ist Freude,
Schenken ist Freude und Liebe,
Schenken ist Freude, Liebe und Gemeinsamkeit,
Schenken ist Freude, Liebe, Gemeinsamkeit und Dankbarkeit.

08.11. 2015

Ein Leuchten

Ich sah ein Leuchten und ein Flimmern,
hinter der Hecke, sah ich ein Schimmern,
ich wunderte mich und dachte mir dann,
was dieses leuchten und schimmern sein kann,
ich staunte, denn es wurde immer mehr,
irgendetwas Fremdes flimmerte sehr,
konnte nicht erkennen, was es wohl ist,
dachte, mach schnell ein Foto, eh du es vergisst,
als ich dann zu Hause mir das Bild ansah,
egal ob von weitem oder von nah,
da sah ich nichts leuchten und auch kein flimmern,
konnte mich auch nicht so recht daran erinnern,
ich glaube, es musste was Geheimnisvolles sein,
das Leuchten und schimmern, der sonderbare Schein,
den ich dort draußen, hinter der Hecke sah,
war für mich wunderschön und wunderbar,
ich glaube das ist das Leuchten von innen,
wenn wir uns auf den Sinn von Weihnachten besinnen,
denn gerade jetzt, als ich daran denk,
ist dieses Gefühl für mich wie ein Geschenk.

11.12. 2015

Weihnacht ?

Weihnachten in aller Welt ist schon bald,
ist es Weihnacht, wenn so viele Herzen sind kalt,
ist es Weihnacht, wenn in Aleppo Bomben fallen,
ist es Weihnacht, wenn in Deutschland rechte Parolen erschallen,
ist es Weihnacht, wenn Menschen andere Menschen verachten,
ist es Weihnacht, wenn viele Menschen draußen verbrachten,
ist es Weihnacht, wenn hunderttausende Kinder in Not,
ist es Weihnacht, wenn genau so viele erleiden den Tod,
ist es Weihnacht, wenn Millionen Menschen sind auf der Flucht,
ist es Weihnacht, wenn Dealer bringen viele zur Sucht,

Weihnachten in aller Welt ist schon bald,

Ja es ist Weihnacht, wenn keine rechte Parole mehr erschallt,
Ja es ist Weihnacht, wenn Menschen sind für andere da,
Ja es ist Weihnacht, wenn sich viele kümmern, ob fern oder nah,
Ja es ist Weihnacht, wenn man Einsamen ein wenig Freude bringt,
Ja es ist Weihnacht, wenn ein Kinderchor im Seniorenheim singt,
Ja es ist Weihnacht, wenn es keine Kriege mehr gibt,
Ja es ist Weihnacht, wenn sich die ganze Menschheit liebt,
Ja es ist Weihnacht, wenn keiner mehr Fremde meidet,
Ja es ist Weihnacht, wenn kein Kind mehr Hunger leidet.
Ja es ist Weihnacht, in aller Welt,
Ja wenn das Licht die Herzen erhellt!

22.12. 2016

Schenken

Denkt ihr beim Beschenken eurer Lieben,
auch an die Menschen, die gar nichts kriegen,
es müssen nicht immer Unmengen sein,
es reicht doch auch ein Geschenk allein,
eine Kleinigkeit ist manchmal mehr,
über ein Lächeln freut sich jeder sehr,
eine nette Geste, ein Streicheln der Wange,
gibt wieder Hoffnung, dir ist nicht mehr Bange,
es gibt viele Kinder die kein Geschenk bekommen,
habt ihr diese Nachricht auch vernommen,
gebt nur ein Zehntel von eurem Geschenketat,
dann ist für alle zu Weihnacht genug da.

07. 12. 2016

Weihnacht
Weihnacht ist
Weihnacht ist schon
Weihnacht ist schon bald
Weihnacht ist schon
Weihnacht ist
Weihnacht
ist ?

23.12. 2016

144

Weihnachten

Weihnachten ist,

Weihnachten ist Liebe,

Weihnachten ist Liebe und Gemeinschaft,

Weihnachten ist Liebe, Gemeinschaft und Geben.

Geben,

Geben ist,

Geben ist Gemeinschaft,

Geben ist Gemeinschaft und Liebe,

Geben ist Gemeinschaft, Liebe und Weihnachten.

08.11. 2015

Es weihnachtet sehr?

Es weihnachtet sehr,

man sieht's überall,

leuchtend bunte Lichter,

und mit lautem Schall,

dröhnt Musik von überall her.

Es weihnachtet sehr,

auch in euren Herzen?

Überall bunte Lichter

und Tannengirlanden,

könnt Ihr den Trubel

wirklich verschmerzen.

Es weihnachtet sehr,

nicht überall auf der Welt.

Auf den Philippinen bettelt ein Kind,

in Syrien gerade ein

Maschinengewehr bellt.

Es weihnachtet sehr,

Menschen streiten und schimpfen herum,

auf den Straßen will jeder der Erste sein,

das kleinste Hupen nimmt man krumm.

Auch bei uns, ein Kind kein Schulbrot erhält,

von Kameraden wird es dafür noch gemobbt,

für Weihnachtsgeschenke auch kein Geld,

das wird durch Hartz - vier grausam gestoppt.

Es weihnachtet sehr auf unserer Welt,

es gibt einen Ort der Stille und Ruh',

schau in dich hinein,

schau in das Licht der Kerzen

und schau dem Flackern der Flamme zu.

Es weihnachtet sehr,

auch in Euren Herzen?

01.12. 2014

Rote Zipfel?

Im Wald, in der Bäume lichten Wipfel,
sah ich am Abend kleine rote Zipfel.
Ich weiß nicht mehr, ob ich sie wirklich sah,
mal schienen sie fern, mal ganz nah.

Weiß nicht, was das für Zipfelchen sind,
sind es Helfer vom lieben Christkind.
Sah auch am Himmel ein helles Leuchten,
was mag dies alles wohl bedeuten?

Oder ist es nur ein tagheller Traum,
sollt ich vielleicht in mein Herz hinein schau'n.
Ob ich dadurch weiß, was ich wirklich sah,
es wird mir danach trotzdem nicht recht klar.

Das Geheimnis vom Christkind bleibt weiter bestehen,
ob wir ein Leuchten, oder Zipfelmützchen sehen.
Ja, ja, egal ob groß oder klein,
es wird für uns immer geheimnisvoll sein.

04.12. 2015

Der Zapfen

Der Zapfen hängt fest am Weihnachtsbaum,
ich biege und breche, er rührt sich kaum.
Dann rupfe ich mit ganzer Kraft,
nicht nur an ihm, nein auch am Schaft.
Nun ist das Unglück auch schon geschehen,
der Baum kippt, so was hat man noch nie gesehen.
Ich stemme mich dagegen,
kann's nicht mehr retten,
liege darunter mit großem Schrecken.
Strampele wild um mich herum,
werde wach und liege ganz krumm.
In meinem Bett, ich glaube es kaum,
es war Gott sei Dank nur ein schrecklicher Traum.

07.12. 2014

Das helle Klingen

Hörst du auch das helle Klingen,
wenn die Chöre Halleluja singen,
siehst du das Leuchten der hellen Kerzen,
dann geht Liebe von Herz zu Herzen,
wenn du das hörst, bist du bereit?
Bereit für die besinnliche Adventzeit,
mach auf dein Herz lass ein das Besinnen,
las die frohe Zeit beginnen,
was soll für dich Weihnachten bedeuten,
was heißt es, wenn die Glocken läuten?
Wenn Kinder ihre Wunschzettel schreiben,
sie auf dem Schoss von Oma und Opa verweilen,
sie lauschen gespannt einer alten Geschichte,
im Stillen sie lernen für Nikolaus Gedichte,
das ist doch eine besondere Zeit,
drum öffnet Eure Herzen und seit bereit.

24.11. 2016

149

Weihnachten überall?

Wir sitzen auf dem Sofa, vor dem leuchtenden Baum
und träumen unseren friedlichen Weihnachtstraum,
doch die Nachrichten reißen uns in die Wirklichkeit zurück,
denn nicht alle Menschen haben so viel Glück.
Egal ob in Nigeria, Syrien oder im Irak,
Bomben und Terror treffen die Menschheit ins Mark,
Menschen, hasten, flüchten und rennen,
dort herrscht Todesangst, die wir nicht kennen.
Weihnachten, ist nicht überall auf der Welt,
die Herzen der Menschen sind nicht alle erhellt,
erst wenn der Sinn der Weihnacht, alle Menschen erreicht
und damit ihre Herzen für Liebe und Achtung erweicht,
dann kann wirklich Weihnachten überall sein
und das Licht der Kerzen erhellt die Welt mit ihrem Schein.

23.12. 2015

Sterne

Am Firmament leuchten tausende Sterne,

durch die Frost kalte Luft gehe ich gerne,

durch den winterlichen Tann,

sehe in der Ferne ein Reh dann und wann,

hebe auf einige Zapfen der Kiefer,

die Mondbahn neigt sich immer tiefer,

es ist nirgends wo ein Mensch zusehen,

von Osten kalte Winde her wehen,

ich mein die Sterne werden immer mehr,

über ihr Leuchten wunder ich mich sehr,

ist es zu dieser Zeit viel intensiver,

ich meine auch, sie stehen viel tiefer,

Advent ist's eine besondere Zeit,

bist Du in deinem Inneren auch schon so weit,

freust dich übers leuchten der unendlichen Sterne,

hörst Glockenläuten wohl aus der Ferne,

vom grünen Tann du einige Zweige brichst,

gehst Heim, damit du es nicht vergisst,

zu binden den Kranz für den lieben Advent,

mit vier Kerzen wie jeder ihn kennt,

bis zum Weihnachtsfest, das Leuchten der Kerzen,

erfüllt mit Liebe und Wärme alle Herzen.

29. 11. 2016

Der Engel und der Stern

Sternenklar war einst der Himmel,
als mit einem schneeweißen Schimmel,
ein Engel über den Wolken schwebt,
in einem Gewand aus Sternenstaub gewebt.

Vor ihm zieht ein heller Stern,
er sah ihn schon, als er noch fern,
der strahlte heller als die Sonne,
ein Wohlgefühl, erfüllt ihn mit Wonne.

Der Engel folgt ihm bis zum Stall,
ein Lobgesang vom Himmel schall,
schaut her hier liegt das Kind im Stroh,
die Hirten staunten und sahen es so.

Gewickelt in der Krippe liegen,
der Ochs und Esel sind geblieben,
geben dem Kind so ihre Wärme,
am Himmel strahlen hell die Sterne.

Von Ferne strömten sie herbei,
zu schauen, wer dies Kind wohl sei,
der Engel sprach, schaut auf das Kind,
kommt her und huldigt ihm geschwind.

Ob Mensch, ob Tier, von Nah, von Fern,

sie Alle folgten dem hellen Stern,

auch die drei Weisen aus den Morgenlanden,

den Weg mit dem Stern zum Heiland fanden.

22.12. 2014

Der Geist im Winterwald

Einsam geh ich durch den Winterwald,

der Wind bläst steif und mir wird kalt.

Vereinzelt hängt ein Blatt am Ast,

ich Streif umher ganz ohne Hast.

Reif legt sich auf das letzte Grün,

die Steigung schaff' ich nur mit Müh'n.

Hoch oben auf dem Hügel steht,

eine Hütte einsam wo der Weg hin geht.

Aus dem Fenster flackert Kerzenschein,

ich schau durch die Scheibe in die Hütte hinein.

Darin wohnt wohl ein einsam alter Mann,

auf dem Weg steht ein wackeliges Schlittengespann.

Wer wohl dieser Alte mit dem Barte sein mag?

Ob "Er" es wohl ist? Aber am helllichten Tag?

Hab ich vielleicht den Weihnachtsmann gesehen?

Oder war's ein Gespinst von Nebel verwehen.

Denn grauer Nebel wabert über das Feld,

ein letzter Sonnenstrahl den Weg erhellt.

Ich weiß nicht, was habe ich wirklich gesehen,

doch irgendwas ist mit mir da oben geschehen.

Ich glaube, ich glaube jetzt wieder an was,

ich glaube das Leben macht wieder Spaß.

Der Schatten im Nebel hat wohl meinen Geist erhellt,

und ich glaube wieder an das Gute in der Welt.

16.12. 2013

Ein seltsamer Weihnachtsbaum

Seit Anfang Dezember steht zwischen hunderten Tannenbäumen ein einzelner trauriger Baum, der krumm und schief ist und nur wenige Äste hat. Er bleibt als einziger zurück. Niemand will ihn haben, diesen fast nackten, kleinen, schiefen Baum. Es ist jetzt kurz vor fünf Uhr nachmittags an Heiligabend.

Da kommt ein alter Mann mit einem kleinen Mädchen bei dem Weihnachtsbaumverkäufer vorbei um nach einem Baum zu fragen, den keiner haben wollte. Denn einen teuren Baum konnte er sich nicht leisten. Der Verkäufer in der Holzhütte zeigte auf den einzigen Baum, der noch da stand und meinte zu den Beiden, „den kannste mitnehmen, den schlepp ich schon zig Wochen immer wieder mit nach Hause, weil ihn keiner haben will". Aber der Alte schüttelt den Kopf, nimmt seine Enkelin an die Hand und dreht sich um, um zu gehen, doch dann bleibt er plötzlich stehen, schaut verwundert auf den Baum, steht da und schaut immer noch auf den einzelnen Baum auf dem Platz. Er versteht nicht was er da sieht, denn dort steht plötzlich der schönste Weihnachtsbaum, den er je gesehen hat, obwohl er schon seit über zehn Jahren fast blind ist. Der Verkäufer ruft ihm zu, „nun nimm ihn schon endlich und hau mit dem Krüppel ab nach Hause". Es dauert noch einen Augenblick, bis er sich gefasst hat, geht zu dem Baum, streckt die Hand aus, nimmt den Baum unter den linken Arm, die Enkelin an die rechte Hand und geht glücklich nach Hause.

Kaum sind sie in der Stube angekommen hört er plötzlich eine leise Stimme, „jetzt stell ihn endlich hin, er hat bestimmt mächtigen Durst und braucht einen kräftigen Schluck Wasser zu trinken". Der Baum fällt ihm vor Schreck aus der Hand, seine Enkelin aber streichelt den Baum, stellt ihn in den Eimer, so dass sie mit der Gießkanne, Wasser hinein schütten kann. Der Baum streckt seine Zweige aus und seufzt zu frieden. Dann hört er wieder die leise Stimme: „Nun alter Mann, er braucht auch noch einige Kugeln und Lametta, damit er wie ein richtiger Weihnachtsbaum aussieht". Er denkt noch gerade, ein Baum kann doch nicht sprechen, als ihn jemand auf die Schulter tippt. Als er sich umdreht, sieht er niemanden und meinte seine Enkelin habe ihm einen Streich gespielt. Der alte Mann schüttelt den Kopf und will aus dem Zimmer gehen, als er sich das Schienbein an dem wackeligen Hocker anschlägt. „Au.. das tut weh", ruft er und die Kleine lacht und ruft ganz aufgeregt, „Opa, Opa, sieh doch nur".

In dem Moment sieht er ein helles Licht vor seinen Augen und er erschrickt. Er fuchtelt mit der Hand und will es weg scheuchen, als die Stimme ruft, „alter Mann, warum siehst du nicht, was deine Enkelin sieht"? Er weiß nicht wie ihm geschieht und meinte nur: „meine Augen sind zu schlecht um richtig sehen zu können". Doch die Stimme ist jetzt ganz dicht an seinem Ohr und flüstert ihm zu: „Du musst mit deinem Herzen sehen und nicht mit deinen Augen, nur die, die mit reinem Herzen sehen, können erfassen, was es für wundersame Dinge auf unserer Welt gibt, also schau in dein Herz, dann erfährst du was Weihnachten wirklich bedeutet". Er fühlte, wie seine Enkeltochter seine Hand nahm und sie auf den Baum legte. „Opa fühl mal, wie schön weich sich der Baum anfühlt, wir müssen Kugeln und Lametta vom Dachboden holen und ihn richtig bunt schmücken, dann haben auch wir ein schönes Weihnachtsfest". So führte die Kleine ihren alten Opa auf den Boden und sie holten zusammen die Kugeln und das Lametta herunter. Sie schmückten den Baum und auf einmal fühlte auch der alte Mann, wie schön doch dieser Weihnachtsbaum wirklich ist. Nach einer Weile, fragt er seine Enkelin, „ich höre die Stimme nicht mehr, hast du sie vorhin auch gehört"?

Aber Opa, meinte sie, das war doch die Weihnachtsfee, hast du sie denn nicht gefühlt, wie sie auf deine Schulter geklopft hat, du spürst doch sonst immer alles sofort. Opa schaut sie verdutzt an und fragt: „die Weihnachtsfee? Ich dachte du warst das". „Nein Opa, das war die Weihnachtsfee, schade, dass du sie nicht sehen kannst, aber spüren musst du sie doch, oder". Sie sitzt jetzt oben auf der Spitze vom Weihnachtsbaum und leuchtet wie ein kleiner Stern. Er stand gemeinsam mit seiner Enkelin vor dem Baum und in dem Moment, als sie seine Hand nahm, konnte er plötzlich die Weihnachtsfee und den wunderschön geschmückten Baum wieder sehen. Ja, er konnte ihn wirklich sehen, wenn auch nur mit seinem Herzen, aber durch seine Enkelin konnte er wieder den Weihnachtsgedanken erleben und spüren.

Es war seit vielen Jahren das schönste Weihnachten für die Beiden.

02.12. 2014

Ho, Ho, Ho im Winterwald

Durch den tiefen Winterwald,

ein mächtiges Ho, Ho, Ho erschallt,

es fährt geschwind der Weihnachtsmann,

mit seinem flinken Rentiergespann,

er saust über Wolken mit Überschall,

die Kinder warten schon überall,

auf die bestellten Weihnachtsgeschenke,

woher weiß er es nur, wenn ich es bedenke,

für wen die ganzen Geschenke sind,

ist es für dieses oder ein anderes Kind,

was muss er für eine lange Liste haben,

für die ganzen schönen Weihnachtsgaben,

der riesige Sack auf dem Schlitten ist voll,

das finden bestimmt die Kinder toll,

doch rast er zu schnell um eine Wolke herum,

dann nehmen die Rentiere es ihm wohl krumm.

sie bremsen sofort dann auf der Stell,

und rufen hei, Niklas das war uns zu schnell,

wenn du so saust, dann fallen die Päckchen runter,

die Kinder auf den Straßen sammeln sie munter,

und plötzlich bekommt irgendein Kind,

Geschenke, die für andere bestimmt,

deine Liste ist dann durcheinander gekommen,

und kein Kind hat das richtige bekommen,

drum bremse ein wenig, fahr doch mit Bedacht,

so ist es sicherer und es wäre doch gelacht,

wenn wir die Lieferung dadurch nicht schaffen,

und du machst dich, so auch nicht zum Affen,

du musst doch für die Kinder Vorbild sein,

egal ob große oder auch klein,

Weihnachten ist doch Friede und Ruh,

dann schauen dir gerne die Kinder zu,

wer fährt mit Ho, Ho, Ho und dem Rentiergespann,

das ist sicher der Weihnachtsmann.

02.121. 2014

Tannenduft

Ich rieche so gerne Tannenduft,

im kalten Winterwald,

bei Frost und klarer Waldesluft,

denn Weihnacht ist schon bald.

Der erste Schnee fällt leise,

aus dichtem Wolkenbett,

auf wunderbare Weise,

gleichmäßig und adrett.

Wie eine schimmernd, seidene Decke,
liegt der weiche weiße Schnee,
wenn ich mich darin strecke,
die Sterne ich am Himmel seh.

Ein Eichhorn knabbert kräftig,
am Zapfen von der Tann,
füllt sich die Backen mächtig,
die Zeit dabei verrann.

Stand plötzlich ich im Dunkeln,
im weißen Winterwald,
des Nordsterns helles Funkeln,
zeigt mir den Winter bald.

So geh ich dann nach Hause,
durch dicken weichen Schnee,
ich wandere ohne Pause,
das Heim ich bald schon seh.

Im wohlig warmen Zimmer,
rieche ich noch Tannenduft,
ich wünsch es mir für immer,
im Haus die Weihnachtsluft.

05.12. 2014

Die Weihnachtsmaus

Es gab einmal eine Weihnachtsmaus,
die sah wirklich komisch aus,
mit ihrer kleinen roten Nikolausmütze,
hüpfte sie über eine Wasserpfütze.

Der Bommel hüpfte mit Ihr hin und her,
als ich sie so sah, wunderte ich mich sehr,
sie trug auch noch einen kleinen Sack,
mit Irgendwas drinnen, huckepack.

Und hinterdrein kam eine schwarze Maus,
die sah genau wie Knecht Ruprecht aus,
in ihrem Mäulchen hatte sie eine Rute,
ich werde sie fangen, wenn ich mich spute.

Doch die Beiden rannten im Zickzack herum,
ich dachte ich hab sie, doch ich schaute nur dumm,
sie rannten gerade um die Ecke vom Haus,
dabei sah ich nicht wie ein Schlaumeier aus.

Hab ich die Mäuse jetzt wirklich gesehen,
war dieser Spuk, in Echt geschehen,
oder war es nur ein kindlicher Wunsch,
ich glaube, es lag am vielen Weihnachtspunsch.

10.12. 2014

Eiseskälte

Eiseskälte in der Nacht,
hat der Winter mitgebracht,
Morgens sind die Zweige steif,
auf ihnen liegt dick weißer Reif.

Es fallen leis, die ersten Flocken,
die Kinder aus dem Hause locken,
springen fröhlich hin und her
und freu'n sich an dem Treiben sehr.

Durch Eiseskälte, hab ich's vernommen,
der nahe Winter ist gekommen,
es macht sich auch so langsam bereit,
die ruhig, besinnliche Weihnachtszeit.

Im warmen Zimmer bei flackernden Kerzen,
freu ich mich schon, von ganzem Herzen,
auf den kommenden Advent,
erst recht, wenn die erste Kerze brennt.

Der warme flackernde Kerzenschimmer,
erwärmt nicht nur das eiskalte Zimmer,
es erwärmt auch aller Menschen Herzen,
besonders am Baum die vielen Kerzen.

Drum freut euch, ihr Menschen auf die Weihnachtszeit
und macht für innere Wärme die Herzen weit,
denkt auch an die, die gar nichts haben,
verschenkt ein wenig von euren Gaben.

Vertreibt Eiseskälte aus euren Herzen,
vergrämt euch nicht mit euren Schmerzen,
denn mancher hat noch mehr Gram und Leid,
vertreibt mit den Kerzen die eisige Zeit.

01.12. 2014

Kinderaugen

Welch leuchten, ist in Kinderaugen
steh'n sie vor dem Weihnachtsbaum,
langes warten, inneres Bangen,
wenn sie auf die Lichter schau'n.

Draußen fallen weiße Flocken,
leicht vom Himmel auf die Erd,
und zwei weiße Kätzchen hocken
vor dem kuschelig warmen Herd.

Vater, Mutter und die Kinder

singen laut aus voller Brust

für das Christkind Weihnachtlieder

mit Gefühl und voller Lust.

Dann ertönt ein leises Glöckchen,

nun ist die Bescherung dran.

Und das jauchzen von den Kindern

zieht uns alle in den Bann.

Eisenbahn und Puppenwagen

Auto und ein Teddybär

sind jetzt für die Kinder alles,

sie seh'n rundherum nichts mehr.

Ja das Leuchten in den Augen

aller Kinder dieser Welt,

ist das schönste der Geschenke,

das es gibt auch ohne Geld.

04.12. 2013

Nachdenklich

Es ist nicht mehr weit bis Weihnachten.

Nur wenn ich mir die Nachrichten in den Medien anschaue, kann ich fast nicht daran glauben, dass wir wirklich bald das Fest der Liebe und des Friedens feiern. Denn egal wohin man schaut, überall herrschen entweder Krieg, Gewalt oder Hass. Soll das in Zukunft unsere Welt beherrschen? Ich glaube, die Menschen sollten sich viel mehr darauf besinnen, was das Leben lebenswert macht. Ein friedvolles Miteinander, Gesundheit, Zusammenhalt, Liebe und Rücksichtnahme gegenüber anderen Mitmenschen, das nenne ich Leben!

Sind wir Menschen nicht alle gleich viel Wert? Egal welcher Hautfarbe, Abstammung oder welchen Glaubens wir sind. Haben wir aus der Vergangenheit denn überhaupt nichts gelernt? Warum gibt es im Namen des Glaubens oder der ethnischen Abstammung immer noch Krieg, Verfolgung und Unterdrückung? Warum ist die Gier nach Macht und Reichtum immer noch so groß, das viele Menschen vergessen, das sie Menschen sind?

Wenn viel mehr damit zufrieden währen, mit dem was sie haben, dann kämen wir dem Ziel, was Weihnachten wirklich bedeutet, ein ganzes Stück näher. Darum lasst uns eine Menschenkette rund um den Erdball bilden. Wenn sich alle Menschen an den Händen halten, dann haben sie keine Hand mehr frei um Waffen zu halten oder sonst irgendwie Gewalt anzuwenden.

So könnten wir schnell, Frieden zwischen den Menschen schaffen und ein gesegnetes Weihnachten und neues Jahr feiern!

30.11. 2014

Was mich bewegt

Mensch

Mensch,
ein Mensch,
nur ein Mensch,
doch nur ein Mensch,
bin doch nur ein Mensch,
ich bin doch nur ein Mensch!
Bin ich nur ein Mensch?
Ich, nur ein Mensch?
Nur ein Mensch?
Ein Mensch?
Mensch?
ja,
ja, du
ja, du bist
ja, du bist ein
ja, du bist ein wertvoller
ja, du bist ein wertvoller Mensch!

13.10. 2015

Was, Wer?

was

was geschieht,

was geschieht zur,

was geschieht zurzeit,

was geschieht zurzeit mit,

was geschieht zurzeit mit uns,

was geschieht zurzeit mit uns und,

was geschieht zurzeit mit uns und unserer,

was geschieht zurzeit mit uns und unserer Welt,

was geschieht zurzeit mit uns und unserer Welt, was?

ODER

wer,

wer kann,

wer kann mir,

wer kann mir sagen,

wer kann mir sagen, was

wer kann mir sagen, was ich,

wer kann mir sagen, was ich mit,

wer kann mir sagen, was ich mit meinem,

wer kann mir sagen, was ich mit meinem kleinen,

wer kann mir sagen, was ich mit meinem kleinen Verstand,

wer kann mir sagen, was ich mit meinem kleinen Verstand nicht,

wer kann mir sagen, was ich mit meinem kleinen Verstand nicht begreifen,

wer kann mir sagen, was ich mit meinem kleinen Verstand nicht begreifen kann.

11.04. 2016

Geschehen

Schon wieder ist es am Zaun geschehen,
habe wieder diese grausamen Dinge gesehen,
Menschen voller Verzweiflung und Not,
Krankheit und schlimmeres ihnen vielleicht droht,
sie wollen weiter, hinaus aus dem Dreck,
der mannshohe Zaun hat nur einen Zweck,
sie fest zuhalten dort wo sie sind,
Männer, Frauen Alte und Kind,
doch immer wieder versucht es einer,
die Zahl wird größer, sie wird nicht kleiner,
mit blutenden Händen versuchen sie zu fliehen,
doch die Grenzer schießen, lassen sie nicht ziehen,
es muss doch endlich etwas geschehen,
die Menschen seit Wochen um Hilfe flehen,
doch auf die mächtigen von Europas Staaten,
werden die Menschen vermutlich vergebens warten,
Sie schieben die Verantwortung hin und her,
so wird es in Monaten, Jahren nichts mehr.

14.04. 2016

Der Zug

Der Zug auf den Gleisen, ein langer Treck,
kommt nur mühsam und langsam weiter vom Fleck,
sie stolpern und kriechen über Schotter und Schienen,
mancher ist vor Schwäche schon liegen geblieben,
kein Wasser, kein Brot, keine Schuhe am Fuß,
sie werden getrieben, ist es noch nicht genug,
an der Grenze fängt Ungarn an zu baue'n,
zur Abschreckung einen stachligen Zaun,
die Menschen stehen ermattet davor,
sie suchen verzweifelt ein offenes Tor,
der Zug kommt zum Erliegen, sie stehen still,
nur weil der oberste Boss Ungarns es will,
er lässt sie beschießen mit eiskaltem Wasser,
warum ist er so ein Menschenhasser,
Tränen fließen bei Alten und Kindern,
konnte dies Elend niemand verhindern,
diese Menschen suchen nur Ruhe und Frieden,
sie flüchten vor Bomben und hässlichen Kriegen,
gönnt ihnen doch etwas Menschlichkeit,
zeigt ihnen WIR sind dafür bereit.

17.09. 2015

Leblos

Leblos angespült wie Treibholz vom Meer,
wo kommt dieses Kind, dieser Junge her,
in den Armen eines Mannes liegt das leblose Kind,
traurig singt dazu der säuselnde Meereswind.

Das Boot gekentert mit Kinder, Männern und Frauen,
die alle bis dahin auf bessere Zeiten vertrauen,
sie flüchteten vor Krieg, Bomben und bitterer Not,
vielen drohte nicht nur Hunger, auch grausamer Tod.

Sie nehmen darum alle Strapazen in Kauf,
nur besser leben, sie hoffen darauf,
endlich ohne Gewalt und Mörder leben,
das ist alles wonach sie streben.

Darum steigen sie ins Auto, ins wankende Boot,
egal was ihnen auf der Flucht auch droht,
sie kommen mit dem Boot in brausenden Sturm,
die Wellen bauen sich auf wie ein riesiger Turm.

Das Boot kentert, Menschen schreien,
sie können sich nicht aus den Fluten befreien,
aus den Händen gleitet dem Vater das Kind,
er hört noch das Wimmern im brausenden Wind.

Er schafft es mit Mühe an den sandigen Strand,

er glaubte er hätte das Kind in der Hand,

doch dann sieht er wie ein Mann sein Kind aufhebt,

er fällt in den Sand zum stillen Gebet.

Nur er ist noch da, sonst sind alle fort,

was soll er allein noch an diesem Ort,

leblos liegt das Kind im Arm,

der Mann ist verzweifelt ist voller Gram.

04.09. 2015

23.000

23.000 Glockenschläge erinnern und mahnen,

sie lassen das Leid der Menschen erahnen,

die im Meer grausam ertrunken sind,

nicht nur Alte, nein auch Mutter und Kind.

23.000 dumpfe Glocken erklingen zur Nacht,

was hat die Not nur aus den Menschen gemacht,

warum drängen sie ins überfüllte Boot,

wie grausam muss sein, ihr Leid ihre Not.

23.000 Tote irgendwo im Meer,

sie alle klagen an und noch mehr,

warum mussten diese Menschen sterben,

was soll nur aus der Menschlichkeit werden.

23.000 konnte **Niemand** retten?

Sind wir gefangen in grausamen Ketten,

es kann und darf so nicht weiter gehen,

so etwas darf niemals wieder geschehen.

23.000 ertrunkene Flüchtlinge, sind **23.000** zu viel,

keiner darf mehr ertrinken, das ist das Ziel,

gebt Ihnen die Möglichkeit zu Hause zu bleiben,

so müssen sie nicht mehr hilflos auf den Meeren treiben.

23.000 Glockenschläge mahnen und klagen an,

hoffentlich hören es sich die Richtigen an,

entscheiden dann was muss endlich geschehen,

das wir nie wieder so viele Ertrunkenen sehen.

22.06. 2015

Der Schrei

Der Schrei,

nach Liebe und Geborgenheit,

klingt von misshandelten Kindern weit.

Der Schrei,

nach Menschlichkeit an Idomenis Zaun,

macht mich wütend, weil sie auf Menschlichkeit vertrau'n.

Der Schrei,

nach Gerechtigkeit in Russlands und anderen Gerichten,

muss uns aufrütteln, nach den Zeitungsberichten.

Der Schrei,

nach Nahrung in Afrikas Welt,

wird nicht verstummen, allein nur mit Geld.

Der Schrei,

von Kindern, die schwere Arbeit verrichten,

deren Ausbeuter ihre Zukunft vernichten.

Der Schrei,

muss erklingen nach Brandanschlägen,

da gibt es nicht Für oder Gegen zu erwägen.

Der Schrei,

aller missbrauchten Menschen egal wo,

muss uns aufrütteln sowieso.

Der Schrei,

der Opfer von Terror und Gewalt,

grausam durch Gassen und Straßen hallt.

11.04. 2016

Boote - Tote - Totenmeer

In Massen, eingepfercht auf Booten,
fordert das Meer immer wieder an Toten,
sie hofften auf ein besseres Leben,
für sich, für ihre Kinder sie danach streben,
sie alle wollen für sich etwas mehr,
darum kommen sie übers Mittelmeer,
das man bald mit einem neuen Namen benennt,
von nun an man es als Totenmeer kennt.

19.04. 2016

Was ist geschehen

Es geschehen im Moment so viele schreckliche Dinge,
die ich nicht so recht in meinem Geist unterbringe,
warum müssen wir so viel Leid und Elend sehen,
was ist nur mit diesen verblendeten Menschen geschehen,
das sie mit so viel Hass töten und morden,
von welchem Anschlag mit wie vielen Toten hören wir morgen,
sie wollen mit dem Terror Angst und Schrecken verbreiten,

und damit die Saat für noch mehr Gewalt bereiten,

doch wir lassen uns nicht unser Leben bestimmen,

wir werden jeden Tag mit neuem Geist und Mut beginnen,

geht erst recht zu Konzerten und Sport,

setzt euer ganz normales Leben fort,

nur so können wir ihnen die Antwort darauf geben,

ihr könnt machen was ihr wollt, wir leben unser Leben.

04.06. 2017

Idomeni

Idomeni, hat einen bitteren Klang,

die Menschen vor dem Zaun warten schon so lang,

sie kampieren in Zelten bei Nässe und Wind,

es hungern und dürsten, Männer Frauen und Kind.

Da, plötzlich öffnet sich das rettende Tor,

schon zu lange warten sie hoffend davor,

doch gerade vor Ihnen schließt es sich wieder,

enttäuscht sinken sie auf die Erde nieder.

Der kleine Sohn hat Hunger und ist krank,

die Mutter klagt an und ihr ist bang,

das Warten auf Rettung in dieser Not,

auf ein warmes Essen und ein Stückchen Brot.

Die Großen dieser Welt tagen bei Sekt und Wein,

ist das Gerede nur Show und blanker Schein,

sie streiten um Quoten und Kontingente,

als verteilten sie für die Flüchtenden große Geschenke.

Reist Euch mal zusammen und tut endlich was,

für die, die vor dem Zaun hocken ist das kein Spaß,

streitet nicht um Quoten und ein bisschen Geld,

Ihr da, im Schloss und nicht im kalten Zelt.

Müssen erst sterben, Männer Kinder und Frauen,

die schon so lange auf eure Hilfe bauen,

bis endlich die Herrscher Europas erwachen

und für die vor dem Zaun von Idomeni was machen.

06.03. 2016

Freiheit und Mut

Freiheit ist wichtig und unser höchstes Gut,

dafür einzustehen kostet oft viel Mut,

Angst schwingt hintergründig im Kopf,

die Anschläge drücken auf mich wie ein Kropf,

das Leben aber muss weiter gehen wie bisher,

es ist nicht so einfach, es fällt manchem schwer,

wir sollten unsere Freiheit nicht zerbomben lassen,

egal wie die Terroristen uns auch hassen,

dumpf lastet die Stimmung auf unser Leben,

aber wir werden uns ihr nicht ergeben,

das Leben geht weiter und wir wollen es auch,

ohne Ohnmacht und Schmerzen im Bauch,

die Freiheit bleibt unser wichtigstes Gut,

sie macht uns im Leben immer wieder Mut,

ihr Menschen steht auf, gegen Hass und Gewalt,

so das es den Hassern entgegen schallt,

wir wollen endlich in Frieden leben,

danach werden wir immerzu streben.

18.11. 2015

Der unendliche Strom

Ein Strom fließt von Süden nach Norden,
weil es nie aufhört das unendliche Morden,
er strömt immer weiter, er strömt immerfort,
sie flüchten vor den Horden, an einen sicheren Ort.

Männer und Frauen, ob Kinder, ob alt,
alle flüchten vor Krieg und Gewalt,
sie besitzen nicht mehr, als das Hemd auf der Haut,
Ruhe und Frieden, sind ihnen nicht mehr vertraut.

Familienbande werden zerrissen,
Kinder bittere Tränen vergießen,
groß und klein, Jung und Alt,
verlieren ohne Familien ihren Halt.

Der Strom der Flüchtlinge reist einfach nicht ab,
ein Lachen, ein Lächeln, Niemand mehr hat,
warum muss dieser Hass, diese Gewalt dort sein,
weshalb lässt die Welt diese Menschen allein?

Wenn man sieht die abgemagerten Kinder,
Alte und Mütter sind es nicht minder,
bei Kälte in Zelten harren sie aus,
wie schön wäre ein festes wärmendes Haus,

An all diese Menschen müssen wir denken,
die Sicht der Politiker aufs wesentliche lenken,
wenn die, die genug haben, nur ein Zehntel geben,
würde es keine hungernden Kinder geben.

Noch besser, es gäbe keinen Krieg, immer nur Frieden,
dann wären die Menschen in der Heimat geblieben,
es gäbe dann keinen Flüchtlingsstrom mehr,
dies ist etwas, das wünsch ich mir sehr.

Doch ich glaube, dies bleibt ein unerfüllter Traum,
man braucht doch nur die Nachrichten schau'n,
wären sie nur einmal ohne Krieg und Gewalt zu sehen,
dann würden wir friedlich über unsere Erde gehen.

01.11. 2014

Flucht

Hunderte, Tausende verlassen ihr Land,

nicht nur die Erde dort ist verbrannt,

sondern auch Seelen und trauernde Herzen,

durch Wunden und Leid erzeugte Schmerzen,

treiben die Menschen aus der Heimat fort,

ohne Perspektive an einen fremden Ort,

fliehen vor Krieg und mordenden Banden,

wissen nicht wie und wo sie stranden,

es treibt sie über Land und über das Meer,

sie wünschen sich Ruhe und Frieden so sehr,

von Schleuserbanden betrogen und bedroht,

ausgenutzt in ihrer bitteren Not,

Alte, Kinder, Männer und Frauen,

aus Angst um ihr Leben sie den Gaunern vertrauen,

verfrachtet in LKWs oder in Booten,

überleben manche inmitten von Toten,

stranden irgendwann im nirgendwo,

nicht verstanden und geduldet sowieso,

so geht es nicht weiter, so kann es nicht bleiben,

das Krieg und Elend die Menschen vertreiben,

es muss endlich etwas geschehen,

das die Menschen wieder eine Perspektive sehen,

und bleiben können im eigenen Land,

so dass nicht die Not sie aus der Heimat verbannt.

28.08. 2015

Freiheit - Gedanken

Freiheit,	ist das höchste Gut,
Freiheit,	fliest durch Geist und Blut,
Freiheit,	bedeutet für mich Leben,
Freiheit,	last uns danach streben,
Freiheit,	leben heißt auch Mut,
Freiheit,	unterdrücke deine Wut,
Freiheit,	das sind freie Gedanken,
Freiheit,	ist sich dafür bedanken,
Freiheit,	heißt Demokratie,
Freiheit,	wir leben sie,
Freiheit,	alle Menschen sind gleich,
Freiheit,	egal ob Arm, ob Reich,
Freiheit,	bedeutet Verantwortung tragen,
Freiheit,	heißt seine Meinung sagen,
Freiheit,	ist seine Religion leben,
Freiheit,	heißt nicht nach Unterdrückung streben,
Freiheit,	tut allen Menschen gut,
Freiheit,	ist der Menschheit höchstes Gut!

09.01. 2015

Tage....

Tage, Wochen, Monate sogar Jahre,

immer die gleichen Bilder, ich rauf mir die Haare,

es bleibt immer dasselbe, es bleibt immer gleich,

die einen sind arm, die anderen reich,

Waffen werden verschachert, egal wohin,

das Alles, macht doch überhaupt keinen Sinn,

mit deutschen Gewehren, werden Menschen erschossen,

das macht mich wütend, das macht mich verdrossen,

Hauptsache Geld, Hauptsache viel Macht,

dabei haben **Die**, nicht an die Menschen gedacht,

es ist Ihnen egal, es macht Ihnen nichts aus,

nur Gier, mehr Geld und ein prächtiges Haus,

überall auf der Welt wird geschossen und Bomben fallen,

wie immer auf die Ärmsten von allen,

ich glaube, es wird niemals überall Frieden geben,

wann kann die Menschheit endlich in Ruhe leben.

30.10. 2015

Erst Gestern

Erst gestern, ist es wieder geschehen,
da hab ich das Leiden von Kindern gesehen,
es hat mich bewegt, ich muss es so sagen,
es kamen mir Gedanken und auch viele Fragen,
warum, muss diese Not der Kinder nur sein,
viele Andere leben nur in Braus und falschem Schein,
sie schmeißen mit Scheinen nur um sich herum,
die Kinder in Not, sie schauen nur stumm,
sie klagen an mit weinenden Augen,
vor Hunger sie an Holzstücken saugen,
würde jeder von uns nur ein hundertstel geben,
so könnten die Kinder wie Menschen leben,
doch es gibt auch Menschen, die opfern ihr Leben,
nur um diesen Armen, etwas Liebe und Hilfe zu geben,
sie hegen und pflegen Alte und Kinder,
egal ob in Afrika, aber auch hier nicht minder,
ich achte diese Menschen, ziehe vor Ihnen meinen Hut,
diese Menschen machen mir neuen Mut,
so ist die Welt doch noch nicht verloren,
es wird immer wieder, ein Mensch mit Liebe geboren.

10.04. 2015

Pöbel

Pöbel schreit, was wollt ihr hier,

ihr seit Viehzeug, seit Getier,

macht euch fort in euer Land,

manche Fackel hat schon gebrannt.

Braune Gesinnung, braunes Denken,

scheint diese Unverbesserlichen zu lenken,

woher kommt nur dieser blinde Hass,

es scheint, es macht ihnen auch noch Spaß.

Schaut nur in die Gesichter voll Angst und Pein,

lasst diese Menschen damit nicht allein,

steht auf und sagt so geht es nicht,

bringt diesen Gepeinigten Freude und Licht.

Sie brauchen uns, lasst sie nicht allein,

so ist es richtig, so soll es sein,

nur eine Minderheit, ist es die da schreit,

viele Andere sind zur Hilfe bereit.

Es ist schön, dass sich so viele dagegen stemmen

und die willkommen heißen, die sie nicht kennen,

zeigen diesem braunen Pack in unserer Stadt,

das sie in unserer Gesellschaft keine Chance hat.

29.08. 2015

Warum schon wieder?

Warum schon wieder dies unendliche Leid,

warum sind manche Menschen zu so etwas bereit,

bei dem Anblick dieses unmenschlichen Geschehen,

möchte ich am liebsten gar nicht mehr hinsehen,

Trauer im Herzen, Wut im Bauch,

Tränen in den Augen habe ich auch,

der Anblick erzeugt ein Stich in meinem Herz,

dazu erfüllt mich ein stechender Schmerz,

diese hasserfüllte, rohe Gewalt,

zeigt sich immer wieder mit ihrer Fratzengestalt,

was muss in den Köpfen dieser Irren umgehen,

das durch ihre Hände, solche Taten geschehen,

so verbohrt, so hasserfüllt kann man doch nicht sein,

sind diese Menschen im Geist so allein,

das sie nicht die Güte des Lebens erspüren,

die die Menschen in Liebe zueinander führen,

Glaube kann doch nicht zu so etwas drängen,

was führt sie zu so schrecklichen Zwängen,

der Glaube erfüllt uns Menschen doch mit innerem Halt,

nicht mit Hass, Verbitterung und vermummter Gestalt,

meine Gedanken schwingen zu den Menschen vor Ort,

zu den Opfern und Angehörigen von Gewalt und Mord,

es bleibt eine bittere Leere zurück,

aber auch Hoffnung für Trost und ein bisschen Glück.

14.11. 2015

Zerbombt

Schaut in die zerbombten Straßen,
schaut auf die Menschen, die wir vergaßen,
seht die Städte, ohne Wasser und Strom,
viele Kinder und Alte erfroren schon.

Es knallt laut in einem Nachbarhaus,
schreiend rennen Menschen heraus,
Blut rinnt, es klafft eine Wunde,
das Grauen macht schon wieder die Runde.

Was macht dieser Krieg mit den Menschen im Ort,
sie verlassen die Häuser, sie machen sich fort,
einsam, verlassen, sind Straßen und Gassen,
sie eilig das Grauen in der Stadt verlassen.

Wo sollen sie hin, wo können sie bleiben?
Wird man sie wieder von dort vertreiben?
Waffen und Bomben lösen nicht den Streit,
haltet lieber Hoffnung und Freiheit bereit.

Nur so kann es irgendwann Frieden geben,
und die Menschen können wieder ohne Schrecken leben,
nur so kommt wieder Ruhe in jene Stadt,
die endlich wieder Hoffnung und Freiheit hat.

10.02 2015

Warum, Weshalb?

Warum, Weshalb,

lässt du das alles geschehen,

Warum, Weshalb,

hast du nicht das Leiden gesehen,

Warum, Weshalb,

ernährst du sie nie,

Warum, Weshalb,

lässt du sie ersaufen wie Vieh,

Warum, Weshalb,

ist überall Krieg und Gewalt,

Warum, Weshalb,

kommt kein Frieden so bald,

Warum, Weshalb,

so viel Menschen in Gefahr,

Warum, Weshalb,

bist du nicht für alle Menschen da,

Warum, Weshalb,

ist das alles nur ein Versehen,

Warum, Weshalb,

lässt du das alles geschehen?

17.05. 2015

Hunderte, Tausende

Hunderte, tausende Menschen in Not,
viele werden zusammen getrieben in einem Boot,
werden verfrachtet wie zur Schlachtbank das Vieh,
werden allein gelassen, keiner kümmert sich um sie.

Treiben führerlos über das Meer,
Angst und Schrecken, verbreiten sich sehr,
kommt keine Hilfe, sinkt der alte Kahn,
weil Niemand den Armen zu Hilfe kam.

Eiskalte Schlepperbanden nur gierig nach Geld,
die gibt es leider überall auf der Welt,
doch am schlimmsten ist es im Mittelmeer,
wo kommen nur all diese skrupellosen Gangster her.

Gibt es denn nichts, was diese Banden aufhält,
was muss noch alles geschehen auf dieser Welt,
ich weiß keine Antwort, kann es nicht verstehen,
und doch hab ich das Elend der Menschen gesehen.

04.01. 2015

Leben

nur Leben
will nur Leben
ich will nur Leben
ja, ich will nur Leben
ich will ja nur in Frieden Leben

23.10. 2015

Mut

gebt
gebt mir
gebt mir nur
gebt mir nur ein
gebt mir nur ein bisschen
gebt mir nur ein bisschen Mut
Mut
Mut tut
Mut tut mir
Mut tut mir gut
Mut tut mir gut im
Mut tut mir gut im Leben

25.10. 2015

GEWALT

Gewalt,   eine Bombe auf Menschen prallt
Gewalt,   ein schrecklicher Schrei erschallt
Gewalt,   und wieder ein Hilferuf verhallt
Gewalt,   warum sind so viele völlig durchgeknallt
Gewalt,   erscheint zu oft in brauner Gestalt
Gewalt,   voller Abscheu meine Faust in der Tasche geballt.
Gewalt,   immer wieder gegen Helfer in Not
Gewalt,   bringt viel zu oft Elend und Tot
Gewalt,   warum sind die Menschen so verroht
Gewalt,   leider in vielen Ländern droht
Gewalt,   gegen das fünfte Gebot.

Steht endlich auf gegen alle Gewalt,
egal wie sie erscheint, in welcher Gestalt.

23.09. 2016

Willkommen

Sind wir wirklich willkommen,
oder ist es nur Schein,
ich hab es vernommen,
das laute schrei'n,
aber ich fühle auch die Güte,
die Wärme, die uns willkommen heißt,
die hier im Land wieder neu erblühte,
obwohl der Strom der Flüchtlinge nicht abreißt,
es sind so viele, die zu uns stehen,
aber auch Abneigung habe ich vernommen,
doch bei den meisten spüre ich verstehen,
so fühle ich, wir sind wirklich willkommen.

31.10. 2015

Wird es endlich wahr?

Wird es endlich wahr, nach so langer Zeit,
halten sie für die Menschen Frieden bereit,
in Aleppo schweigen zurzeit die Waffen,
sollte es gelingen Ruhe zu schaffen,
ist vorbei, Elend und bittere Not,
keine Gewalt mehr und grausamer Tod,

Menschen finden endlich Frieden und Ruh,

keine Todesangst mehr immer zu,

das ist der Wunsch und das Hoffen,

doch noch ist leider alles offen,

im Moment, scheinen die Waffen zu schweigen,

Alte, Mütter und Kinder müssen nicht mehr Leiden,

doch schaut in diese zerbombte Stadt,

die so unter dem Krieg gelitten hat,

nur überall Schutt und lauter Ruinen,

sind nach den Bomben übrig geblieben,

hört endlich auf, der Hunger, die Not,

bekommen die Menschen endlich genug Brot,

doch am meisten wünschen sie Ruhe und Frieden,

für sich, für ihre Kinder, für ihre Lieben.

02.03. 2016

Berlin 19.12.2016

Berlin, auf dem Weihnachtsmarkt fröhliche Zeit,

doch dann, plötzlich unendliches Leid,

Berlin getroffen mitten ins Herz,

wie wirst du fertig mit dem brennenden Schmerz,

so viele Verletzte, so viele in Not,

nicht nur das, zwölf Menschen tot,

brutal überrollt von einem LKW,

der Anblick tut meiner Seele weh,

warum nur diese rohe Gewalt,

mir ist, als ob sich eine Faust in mein Herz festkrallt,

das Geschehen kann man einfach nicht fassen,

man kann und soll es dabei nicht belassen,

zeigt denen, die so etwas tun,

wir lassen unser Leben deshalb nicht ruh'n,

unsere Freiheit könnt ihr uns nicht rauben,

auch nicht der Gerechtigkeit Glauben,

Berlin, wir stehen zu dir,

egal wo, jetzt und auch hier.

22.12. 2016

Auf der Brücke

Es geschah auf der Brücke, in diesem Moment,
er tötet, verletzt so viele, die er gar nicht kennt,
er rast einfach los, aus blindem Hass,
warum macht er es nur, warum macht er das.

Es sind schon so viele grausame Taten,
weshalb geschieht es, kann es mir einer verraten?
Egal ob Berlin, Nizza oder in Paris,
wer es weiß, erkläre mir dies.

Auch in Brüssel, Manchester und London ist es geschehen,
wieso müssen wir ständig so Grausames sehen,
es ist doch so einfach miteinander zu Leben,
die Menschen brauchen sich nur die Hände zu geben.

04.06.2017

Der Engel an deiner Seite

Egal wo du stehst, egal wo du gehst,
ist immer einer für dich da,
was du auch machst, wo du auch bist,
er ist dir nie fern, er ist immer ganz nah.

Wenn du ihn auch nicht fühlst,
dein Auge ihn nicht sieht,
er passt auf dich auf,
egal was geschieht.

Kann dein Geist ihn nicht fassen,
kannst du ihn nicht spüren,
er wird dich trotzdem leiten,
er wird dich immerzu führen.

Der Engel an deiner Seite,
kann dein Nachbar sein,
vielleicht auch ein Kind,
ist auch noch so klein.

Es kann jeder sein,

in jedem Moment,

der dir gerade hilft,

obwohl er dich nicht kennt.

Drum achte auf alle Menschen,

die um dich herum,

nehme gerne Hilfe an,

auch ein Angebot nicht krumm.

Denn der Engel an deiner Seite,

ist immer für dich da,

er achtet auf dich,

ist dir immer ganz nah.

11.07. 2017

Abendengel

Wenn am Abend vom Himmel ein Engel herabschwebt,
während deines täglichen Abendgebetes,
und wunderst dich über einen hellen Schein,
dann glaubst du wieder ganz klein zu sein.

Der Engel den du sahst, war nicht wirklich da,
auch wenn dein Auge Ihn ganz klar sah,
er ist nur in deinem Geiste, in deinem Herz,
er verursacht dir einen inneren Schmerz.

Denn er war so plötzlich ohne Vorwarnung da,
du spürtest ihn wirklich, er war dir so nah,
warum hast du ihn noch nicht eher gesehen,
warum ist es nur so plötzlich geschehen.

Denke daran er ist immer bei dir,
er führt dich durchs Leben, er ist immer hier,
bedenke dass er immer bei dir ist,
manchmal meldet er sich, dass du ihn nicht vergisst.

So kannst du beruhigt durchs Leben gehen,
er wir dir immer zur Seite stehen,
er wacht über dich, er ist immer da,
der Engel deines Lebens, ist dir ganz nah.

24.04. 2014

Du

Du bist Du
Ich bin Ich
Wir sind Wir
Gemeinsam sind Wir

10.02. 2015

Ich bin

Ich bin wie ich bin
Ich bin so und nicht anders
Ich will so akzeptiert werden
Ich möchte gesehen werden wie ich bin
Ich verbieg mich nicht
Ich kann trotzdem viel
Ich bin mitten im Leben
Ich lebe mit Euch
Ich bin nichts Besonderes
Ich bin einfach nur Mensch
Ich gehöre zu Euch
Ich bin eben so, wie ich bin

17.05. 2015

Tag für Tag oder die Frau am Fenster

Morgens um sieben, seh' ich am Fenster,
eine Nachbarin oder seh' ich Gespenster.
Grau ist das Haar und grau ist das Kleid,
wenn ich sie so sehe, dann tut sie mir Leid.
Jeden Tag immer am Fensterloch,
schaut Sie hinaus immer noch.
Sie schaut einmal hier, Sie schaut einmal dort,
nur kurze Zeit ist Sie vom Fenster fort.
Dann kommt Sie wieder zum Fenster hin,
Sie schaut in den Himmel ganz ohne Sinn.
Mag dies, das Leben der Nachbarin sein?
Ganz ohne Sinn, ganz ohne Schein.
Ich schau wieder hin, Sie ist wieder da,
Sie scheint mir so fern und doch ist Sie so nah.
Es geht wohl das Leben an Ihr vorbei,
ist es Ihr Lebens Einerlei,
das Sie uns wohl so grau und einsam erscheint,
der letzte Blick, es mir doch verneint.
Nun denke ich über die Frau am Fenster nach,
wie Sie jeden Tag auf Ihren Armen lag.
Morgens um sieben am offenen Fenster,
sehe ich Sie; oder seh' ich Gespenster.

23.04. 2014

Die Frau am Fenster 2

Die Frau am Fenster, ist sie nicht mehr da?
Es ist schon lange her als ich sie sah,
sie schaut nicht mehr aus dem Fenster heraus,
wohnt sie etwa nicht mehr in dem Haus.

Im Haus gegenüber, geht es rein und heraus,
niemand weiß mehr wer wohnt da in diesem Haus,
ständig sieht man auf dem Weg neue Gesichter,
die Bekannten von früher werden immer lichter.

Es ist schon traurig anzusehen,
wie viele Menschen in den Jahren gehen,
viele von den Bekannten sind nicht mehr da,
auch nicht die Frau, die ich früher am Fenster sah.

11.06. 2015

Grün-grauer Pullover

Ein grün-grauer Pullover geht daher,
ich schaue verdutzt und wundere mich sehr,
ein Pullover kann doch nicht alleine gehen,
doch dann merk ich, darin ist ja eine Frau zu sehen,
man sieht es erst mit dem zweiten Blick,
denn ihr Gesicht ist so grau wie ihr Strick,
sie geht immer mit diesem Pullover fort,
von ihrer Wohnung zum anderen Ort,
mit starrem Blick immer gerade aus,
ihr Gesicht ist so fad wie eine graue Maus,
ich glaube diese Frau muss einsam sein,
man sieht sie nie zu zweit, nein immer allein,
sie grüßt nie, sie lächelt auch nicht,
starr und vergrämt ist ihr fahles Gesicht,
an allen Menschen geht sie stur vorbei,
als wäre ihr alles egal und einerlei,
jetzt gerade geht sie wieder mit diesem Strick,
mit gleichgültigem, starren Blick.

25.09. 2016

Die Frau vor der Tür

Vor der Tür, mit einer Zigarette,
steht mit ner Dose Bier eine Nette,
qualmt und pafft auf dem Balkon,
so sah ich sie des Öfteren schon,
ach schau sie steht jetzt wieder da,
wie ich sie schon mehrmals sah,
der Qualm ihr aus der Nase weht,
es ist schon seltsam, wie sie da steht,
aber was ist nur plötzlich geschehen,
sie ist nicht mehr auf dem Balkon zu sehen,
doch dann hab ich sie entdeckt,
wie sie den Kopf aus dem Fenster reckt,
am Abend der Rauch nach oben steigt,
wenn sich der Tag dem Ende zu neigt.

11.06. 2015

Was ist Leben

Kann mir jemand sagen, was ist Leben,
ist es immer nach noch Größerem streben,
ist es auch manchmal winzig und klein,
so kann es doch etwas Besonderes sein.

Ein Gänseblümchen, so klein und weiß,

oder Pilze auf der Wiese, die stehen im Kreis,

ein Krokus treibt seine Knospe empor,

gelb streckt sich elegant eine Narzisse hervor.

Eine Meise, ein Spatz und ein grüner Fink,

singen und springen in den Zweigen recht flink,

und auf dem duftenden lila Flieder,

lässt sich eine summende Biene nieder.

Dies alles, ist für mich Leben,

ohne nach Macht und Reichtum zu streben,

nicht Größe sondern Schönheit und Liebe,

sind des Lebens einzig wahre Triebe.

09.03. 2015

Herbstwolken

Wolken ziehen am Firmament

Bildergleich mal Hund mal Katz,

Schäfchen klein sie manchmal sind

ziehen sie vorwärts ohne Hatz.

Doch wenn graue Wolken ziehen

in des Lebens Abschnitt ein,

mögen sie vorüber wehen

und die Luft ist wieder rein.

Wolken ziehen am Firmament

ziehen immer wieder auf,

sie irgendwann vorüber ziehen

so ist nun mal des Lebens Lauf.

10.03. 2009

WER SIND WIR

WIR sind eine Gemeinschaft

WIR sind für Gleichheit aller Menschen

WIR sind für soziale Gerechtigkeit

WIR sind gegen Gewalt und Rechtsradikalismus

WIR sind für einander da

WIR sind nur gemeinsam stark

WIR sind gegen Ausgrenzung von Mitmenschen

WIR sind für Integration und Inklusion

WIR sind für das miteinander von Jung und Alt

WIR sind ein Gewissen der Gesellschaft

WIR sind nicht allein in der Gemeinschaft

WIR sind eine Gemeinschaft

06.05. 2013

Der kleine Mann

Der kleine Mann sitzt wieder da,
egal wann ich dort vorbei fahr,
sitzt er etwa dort auf der Lauer,
oder sitzt er nur einfach so auf der Mauer,
zieht an der Kippe, rechts im Mund,
er ist nicht nur klein, nein auch rund,
missmutig stiert er mit starren Augen,
während seine Lippen an der Kippe saugen,
er nuckelt links an einer Flasche,
mit rechts holt er aus der Hosentasche,
eine fast trockene, fettige Schnitte,
er beißt ab, sogar mit der Kippe,
sein Shirt hat Flecken von Oben bis Unten,
doch er hat noch ein sauberes Stückchen gefunden,
daran putzt er ab die schmierige Hand,
jetzt ist es dreckig bis an den Rand,
mein Gott, was muss das für ein Leben sein,
er ist wohl recht einsam und allein,
warum sonst sitzt er dort auf der Mauer,
von morgens bis abends fast wie in Trauer,
egal wann ich dort vorbei fahr,
sitzt er auf der Mauer, sitzt immer da.

25.09. 2016

Welch Wunder

Welche Wunder unserer Erde,
hast du schon geseh'n,
den Grand-Canon, Himalaja,
oder Finnlands tausend Seen.

Doch die kleinen Dinge der Natur,
sind auch wunder schön,
die Rose mit den Dornen,
deren Düfte uns verwöh'n.

Ob die Meise oder Amsel,
mit Gesang uns hoch erfreuen,
oder die bunten Blumen blühen,
jedes Jahr von neuem.

Geh' gewiss mit offenen Augen,
durch die Wunder der Natur,
kannst bestimmt dich daran freuen,
nicht an den großen Dingen nur.

Wenn die frischen Triebe treiben,
immer wieder Jahr für Jahr,
wie die Sonne auf und untergeht,
das alles ist doch **wunderbar**.

26.04. 2014

Mit Enkel

Ach Junge, was machst Du immer für Sachen,
die bringen mich wirklich dolle zum Lachen,
von Dir kommt so oft ein toller Spruch,
darum freue ich mich auf Deinen Besuch.

Mit Dir kann man super etwas bauen
und immer auf Deine Hilfe vertrauen,
die Sachen die Du machst, sind nicht schlecht,
Du bist wirklich super und ein toller Hecht.

Wir waren unterwegs, mit Stuhlstuhl und Roller,
Deine Fahrt wurde immer rasanter und doller,
es war Dir oft zu langsam, aber nie zu schnelle,
bis Du entdeckt hast, eine besondere Stelle.

Opa guck mal, ist wie eine Rennbahn,
da sollten wir beide Mal runter fahr'n,
ich stand davor mit Bangen und Schrecken,
da soll ich fahren, um so enge Ecken.

Ach Opa, nun stell dich nicht so an,
sei doch kein Feigling, sei ein Mann,
jetzt geht es los, mit Tempo herunter,
Du mit dem Roller, wild und putzmunter.

Ich mit meinem Rollstuhl hinterher,

Du hattest Spaß, es freute Dich sehr,

ich war im Gesicht vollkommen blass,

trotzdem hatten wir unseren Spaß.

24.06. 2017

Enkelin

Mit meiner Enkelin auf Tour,

das ist wirklich, Freude pur,

es macht meistens gute Laune,

lachen immer, ohne Pause.

Etwas Neues sieht sie irgendwie immer,

doch ihre Phantasie ist noch schlimmer,

denkt sich immer etwas Komisches aus,

sprudelnd kommt es dann aus ihr heraus.

Weißt du Opa, da hinten im Wald,

wohnen Geister, da ist es richtig kalt,

dort liegen bestimmt Zwerge auf der Lauer,

als wir hinein fahr'n erlebe ich Schauer.

Schau Opa, da ist ein fieser Geist,

dann kichert sie und lacht recht dreist,

das war doch nur ein kleiner Mann,

hey Opa, wie ich dich veräppeln kann.

So geht es mit ihr immerzu,

sie lässt mir einfach keine Ruh,

flüstert mir ständig was ins Ohr,

kommt alles Mögliche darin vor.

Mit der Enkelin auf Tour,

das ist gute Laune pur,

ich freue mich, wenn sie kommt,

das nächste Lachen, das folgt prompt!

24.06. 2017

An meine Liebe

In purpurrot erblüht sie auf,
als Rose wohl bekannt,
der Duft betört wohl Jedermann,
die Edle wird sie oft genannt,

Es gibt sie noch in vielen Farben,
in rosa, gelb und auch in pink,
doch willst du ihre Blüte brechen,
sticht sie zu recht flink.

Sie erfreut mich bis ihre Zeit vorbei,
der Duft sich dann auch schnell verzieht,
und Blätter verlieren langsam ihre Farbe,
die Blütenpracht dann schnell verfliegt.

Wenn auch die Blütenblätter welken,
wird auch das Grün am Stängel braun,
so bleibt in der Erinnerung,
der Blütenschönheit noch zu schau'n.

So manches dornenreiche Jahr,
sind wir des Weges langes Stück,
mit Lieb' gemeinsam wohl gegangen,
mit Dir war jedes Jahr mein Glück.

Ich wünsche uns noch viele Jahre,
voll Sonnenschein und auch gesund,
mit allen die Dich wirklich lieben,
zu jeder Zeit, zu jeder Stund.

28.02. 2015

Hallo, rechte Seite!

Hallo rechte Seite, bist du noch da,
wenn ich nicht hin sehe, nehm' ich dich nicht wahr,
nur wenn du schmerzt, meldest du dich,
ansonsten, lässt du mich meistens im Stich,
ich taste, ich fühle, am Bein und am Arm,
ich merke gar nichts, nicht kalt und nicht warm,
nach mittlerweile über zwanzig Jahren,
könntest du dich mir doch mal offenbaren,
warum bist du immer noch gefühllos und taub,
ich probier es immer wieder, ich doch an dich glaub,
vielleicht gibt es doch mal ein Überraschungsmoment,
an dem mein Körper die rechte Seite erkennt,
so wird noch mancher Monat, manches Jahr vergehen,
das ich dich wahrnehme, nur beim Hinsehen.

30. 03. 2016

Meine rechte Seite spricht…

weißt du, sagt sie tief in mir,

weißt du, ich bin immer noch hier,

weißt du, auch rechts bin ich noch da,

weißt du, der Arm ist da, wo er immer war,

weißt du, schau einfach immer wieder hin,

weißt du, dann macht auch das andere Ich Sinn,

weißt du, das Leben geht so oder so weiter,

weißt du, ob in Trübsal oder auch Heiter,

weißt du, spüre im Geiste das andere Ich,

weißt du, akzeptiere mich,

weißt du, es bleibt wie es ist,

weißt du, es ist gut wenn du es nicht vergisst,

weißt du, du fühlst dich dann gut,

weißt du, das Leben macht immer wieder neuen Mut.

15.03. 2015

So Leben

Ich möchte so leben, als ob gar nichts wär',

denn manche Sachen belasten mich sehr,

ist meine rechte Seite, mal wieder nicht meine,

rapple ich mich doch wieder auf die Beine,

und sage mir es ist doch gar nicht so schlimm,

nehme die Seite einfach so hin,

ist in meinem Geiste wieder mal ein Loch,

dann denke ich, versuche es doch,

noch einmal, vielleicht kommt es dann,

wieder zum Vorschein irgendwann,

so lebe ich weiter Tag für Tag,

was auch immer kommen mag,

mir geht es gut, ich lebe im Kreise,

meiner Lieben auf ganz besondere Weise,

denn sie nehmen mich so wie ich bin,

und so macht das Leben doch einen Sinn.

15.01. 2015

,

Wieder lachen!

Ich würde so gerne mal wieder lachen,
und lauter schöne Dinge machen,
doch der ständig stechend, fiese Schmerz,
ist wie ein tiefer Stich ins Herz,
er kommt so plötzlich auf der Stelle,
zieht durch den Körper wie eine Welle,
von der Schulter bis in die Finger,
im Knie und Zeh sind sie noch schlimmer,
dann plötzlich ist er wieder vorbei,
ich mache einen Jubelschrei,
doch manchmal sind es nur Sekunden,
dann bin ich frei für einige Stunden,
so geht es schon länger Tag um Tag,
ihr könnt mir glauben, dass ich das nicht mag,
doch sitze ich im Arm mit der Liebsten mein,
das ist für mich wie Sonnenschein,
dann spür' ich nicht die ollen Schmerzen,
es geht mir gut, so recht von Herzen,
es sind dann wirklich schönen Stunden,
das gebe ich zu ganz unumwunden,
kann dann von Herzen wieder lachen,
zusammen schöne Sachen machen,
das sind für mich die schönsten Tage,
noch schöner ohne Schmerzen, keine Frage.

17.04. 2016

Tage im Leben

Es gibt manche Tage im Leben,

die einem viel Gutes geben,

aber es gibt auch andere Tage,

da stellt man sich dann die Frage,

war alles Gut, war alles richtig,

warum ist der Gedanke für mich wichtig,

weshalb müssen manche Dinge geschehen,

weil man nicht alles kann vorhersehen,

darum nehme das Leben, so wie es ist,

damit du schnell deinen Kummer vergisst,

egal, was auch im Leben mag sein,

es ist nicht alles nur so zum Schein,

gehe unbeirrt deinen eigenen Weg,

auch wenn er schmal ist der steinige Steg,

so lebe dein Leben alle Tage,

als gebe es nur Gutes, keine Frage.

16.01. 2015

Kommt der Tod

Kommt der Tod meistens still und leise,
auf eine ganz gemeine Weise,
schleicht er sich heimlich an dich heran,
so das man nichts mehr machen kann,
meistens sieht und hört man ihn nicht,
kommt im Dunklen ohne Licht,
oft heimlich still in dunkler Nacht,
hat er die Kälte mitgebracht,
doch bist du im Tode nicht allein,
scheint dir ein Licht ein heller Schein,
gehst du mit einem Lächeln auf den Lippen,
stürzt nicht ins Dunkel über Klippen,
hält dich im Tod, eine liebende Hand,
mit der ein Leben dich verband,
kannst du in Ruhe von uns gehen,
im Herzen bist du unbesehen,
für immer bist du uns so nah,
ein Licht das leuchtet immer da.

17.02. 2016

Wer, Keiner!

Wer,

wer oder,

wer oder was,

wer oder was ist,

wer oder was ist der,

wer oder was ist der Tod?

ist,

ist der,

ist der Tod,

ist der Tod das,

ist der Tod das Ende?

wer,

wer weiß,

wer weiß wo,

wer weiß wo hört,

wer weiß wo hört das,

wer weiß wo hört das Leben,

wer weiß wo hört das Leben auf?

hört,

hört das,

hört das Leben,

hört das Leben auf,

hört das Leben auf mit,

hört das Leben auf mit dem,

hört das Leben auf mit dem Tod?

oder,

oder gibt,

oder gibt es,

oder gibt es ein,

oder gibt es ein Leben,

oder gibt es ein Leben nach,

oder gibt es ein Leben nach dem,

oder gibt es ein Leben nach dem Tod?

wer,

wer weiß,

wer weiß es,

wer weiß es wirklich?

KEINER!

17.02. 2016

Sacht wie der Wind

Sacht wie der Wind, weht übers Meer,

ein letzter Gruß von Dir hierher,

durch die Wolken sticht ein Sonnenstrahl,

ein letzter Gruß, von Dir noch mal,

schau ich verloren über die See,

mit einem Gruß von Dir ich nach Hause geh.

07.04. 2017

Der Tod

Der Tod gehört zum Leben,
wie die Sonne zum Mond,
wie die Biene zur Blume,
wie Freud und Leid,
wie Last und Lust,
wie Mut und Angst,
wie Lachen und Tränen,
wie Gesundheit und Krankheit,
wie Geburt und Sterben
so gehört der Tod zum Leben.

12.05. 2014

Letzte Fahrt

Ich habe mich auf meine letzte Fahrt begeben,
von meinem jetzigen, in ein neues Leben,
ich fahre in ein neues Licht,
und bitte, dass die Verbindung nicht bricht,
schaust du auch traurig über den See,
denk daran, wohin ich jetzt geh,
dort finde ich ewige Ruh,
ohne Schmerzen immerzu.

02. 2016

Gedanken wie ein Sommerwind

Mag die Sonne am Abend auch untergehen,

so ist Sie am Morgen immer wieder zu sehen.

Bin ich auch einen neuen Weg gegangen,

so bin ich doch für immer in Euren Herzen gefangen.

Denn so warm wie am Morgen der Sonnenstrahl,

berühre ich Euch dann jedes Mal.

Immer, wenn Eure Gedanken bei mir sind,

erreichen sie mich wie ein Sommerwind.

04. 2014

Unter Bäumen

Wo Blätter rauschen, Bäche fließen,
aus feuchtem Boden, Pilze sprießen,
dort fand ich meine letzte Ruh,
wächst neues Leben immerzu.

Unterm Blätterdach von Bäumen,
Waldreben, Wegesränder säumen,
ein Teppich über mir aus Blätter,
beschützen mich bei jedem Wetter.

Die Vögel singen mir ein Lied,
dabei die Trauer von Euch flieht,
es ist so schön im leisen Wald,
das Lachen kommt auch wieder bald.

Unter Bäumen da ist Leben,
der Gedanke ist ein Segen,
das neues Leben aus mir entsteht,
und so das Leben weiter geht.

So denkt an mich in jedem Wald,
wenn von Ferne leise ein Kuckuck erschallt,
am Waldesrand die Lerche singt,
der Vogelgesang zum Himmel schwingt.

19.01. 2015

An Dich

Wenn die Wolken Trauer tragen

Wenn die Wolken Trauer tragen,
an diesen dunklen, trüben Tagen,
regnen sie Tränen auf uns herab,
sie fallen auch auf dein grünes Grab,
sie fallen hinab auf das helle Grün,
wodurch neues Leben, neue Blumen erblüh'n,
neues Leben entsteht dadurch immer wieder,
auf der Bank nebenan lasse ich mich nieder,
hörst du wie die Vögel singen,
sie lassen ihre Lieder für Dich erklingen,
irgendwann bricht durch das Wolkentor,
auch wieder das Licht, die Sonne hervor,
sie leuchtet dann auch auf Dein grünes Feld,
wodurch sie unsere traurigen Herzen erhellt!

10.04. 2017

Abschied

Abschied nehmen fällt so schwer,
wenn es für immer ist, um so mehr,
Du bist zurzeit an einem anderen Ort,
Du bist noch da, bist gar nicht fort,
in meinen Gedanken bist Du da,
in meinem Herzen, bist Du mir nah,
Dein Bild seh' ich vor mir, mach ich die Augen zu,
das hilft mir sehr, gibt mir innere Ruh,
ich denke an Dich zu jeder Stunde,
spüre deinen Herzschlag, Sekunde für Sekunde,
im Schlaf sprichst Du immer wieder mit mir,
ich verreise dann in Gedanken mit Dir,
so brauche ich auch keinen Abschied nehmen,
kann in meinem Herzen weiter mit Dir leben.

12.04. 201

Familie, Freunde,

Bist du in der Familie eingebunden,
so hast du Trost im Leid empfunden,
auch echte Freunde in deinem Leben,
können dir Halt und Sicherheit geben,
ein Händedruck, ein liebevoller Blick,

geben dir wieder Mut zurück,

denk oft an die schönen Stunden,

die du hast miteinander empfunden,

sind dann Familie und Freunde für dich da,

fällt manches dir leichter, wohl fürwahr.

21.05. 2017

Dein Platz ist leer

Dein Platz neben mir ist leer,

ich denke an Dich, ich vermisse Dich sehr,

im Schlaf greife ich herüber, herüber zu Dir,

ich greife ins Leere, da dämmert es mir,

Du bist gegangen in eine andere Sphäre,

ich überlege, wie es wohl wäre,

wenn Du zurückkommst, zurück zu mir,

Ich weiß es geht nicht, irgendwann komm ich zu Dir.

13.07. 2017

Die Bank nebenan,

Auf der Bank nebenan hab ich Platz genommen,

ich dachte, ich hätte Deine Stimme vernommen,

sie ist bei mir immer noch im Ohr,

so klar und rein wie Monate zuvor.

Wie ich so sitze auf der Bank nebenan,

kommt eine Meise vorsichtig heran,

es kommen mehr, erst zwei, dann drei,

es scheint, als rufen sie noch weitere herbei.

Sie schwingen hinauf, in deinen Baum,

sie singen ganz leise, man hört sie kaum,

doch dann erschallt ihr wunderschöner Chor,

die Melodie schwingt zum Himmel empor.

Ich lausche dem vielstimmigen Klang,

andere stimmen ein in den herrlichen Gesang,

auf der Bank nebenan hab ich platz genommen,

ich dachte, ich hätte Deine Stimme vernommen.

23.05. 2017

Worte

Welche Worte können helfen,
in dem schlimmen, tiefen Schmerz,
Worte, die von innen kommen,
lindern mein verletztes Herz.

Liebe Worte die mich trösten,
machen mich von Herzen froh,
leise gesprochen unter Tränen,
erreichen sie mich eben so.

Eine Umarmung ohne Worte,
ist für meine Seele gut,
auch ein inniger Augenblick,
macht mir wieder etwas Mut.

Worte sind für mich sehr wichtig,
geben meinem Leben Halt,
sie helfen mir in meinem Schmerz,
dann ist mein Herz nicht mehr so kalt.

18.05.2017

Leere

Mein Kopf ist im Moment ziemlich leer,
denke nach, weiß trotzdem nichts mehr,
aber nicht nur im Kopf herrscht völlige Leere,
auch mein Innerstes ich umkehre,
suche nach dem Grund, weshalb und warum,
ich lausche, doch es bleibt in mir stumm,
ich empfinde in mir nicht mehr sehr viel Glück,
mir scheint, es dauert auch noch ein Stück,
des Nachts, gehen so viele Gedanken umher,
die geben mir keine Ruhe mehr,
Dein Bild sehe ich vor mir, Du antwortest nicht,
dann sehe ich Dein lachendes Gesicht,
ich will Dich umarmen, greif aber ins Leere,
spüre dann wie sehr ich Dich entbehre.

21.05. 2017

Momente

Ich hatte in den letzten Tagen Momente, die taten mir nicht gut,
als hätte mich verlassen, der Wille, der Mut,
ich weiß nicht recht weiter, wie soll es nur weiter gehen,
ich möchte Dich einfach noch einmal sehen.

Liege ich nachts wach, sehe ich Dein Bild vor mir,
ich sehne mich nach der Zeit, zusammen mit Dir,
der Gedanke an Dich, brennt in mir wie Feuer,
Du warst mir so lieb, Du warst mir so teuer.

Doch dann erinnere ich mich an die schönen Zeiten,
die mir wieder innere Ruhe und Freude bereiten,
an die schönen Tage, die glücklichen Jahre,
die wir hatten so viel, das steht außer Frage.

Ich weiß, dass Du möchtest ich soll wieder lachen,
das ich Dinge tue, die mir Freude machen,
langsam wird Schmerz und Kummer vergehen,
dann werd ich auch wieder schöne Momente sehen.

21.05. 2017

Schatten

Schatten, verdunkeln meinen Geist
Schatten, nichts Gutes verheißt,
Schatten, schwirren in meinem Kopf,
Schatten, drücken wie ein feister Kropf,
Schatten, nehmen mir die Sicht,
Schatten, lasten auf mir, mit ihrem Gewicht,
Schatten, springen vor mir hin und her,
Schatten, verwirren mich so sehr,
Schatten, im dunkel der Nacht,
Schatten, mir keine Freude macht,
Schatten, darüber möchte ich nicht mehr klagen,
Schatten, ich werde sie bestimmt auch wieder verjagen,
Schatten, verdunkeln mir dann nicht mehr das Licht,
Schatten, nehmen mir nie mehr die Sicht.

28.06. 2017

Mein Engel,
bleibst Du für mich alle Zeit,
er ist für mich immer bereit.

Die Gewissheit trage ich im Herzen,
der Gedanke daran lindert meine Schmerzen.

13.07. 2017

Warum

Warum gingst Du fort, warum musstest Du gehen,
ich kann es nicht begreifen, kann es nicht verstehen,
es bleibt eine Leere, ein stechender Schmerz,
er durchbohrt mein Leben, mein weinendes Herz.

Du warst an meiner Seite, bist mit mir gegangen,
ich fühl mich so einsam, fühl mich gefangen,
mehr als fünfzig Jahre, gemeinsames Leben,
die Erinnerung daran, kann mir niemand nehmen.

Ich weiß nicht, wann ich es je kann verstehen,
es wird noch eine lange Zeit darüber vergehen,
das Erinnern an unsere gemeinsame schöne Zeit,
hält für mich Trost und ein Lächeln bereit.

Warum musstest Du gehen, warum gingst Du fort,
bist nicht mehr bei mir, bist an einem anderen Ort.

16.04.2017

Tränen

Tränen fließen, ich habe fast keine mehr,
um mich fühl ich nichts, es fühlt sich an so leer,
an manchem Tage lebe ich in Trance,
dann warte ich auf eine Chance,
vom Trauerzug einfach abzuspringen,
mir hilft dabei manchmal ein stilles Singen,
spazieren durch die schöne Natur,
alles beobachten in Feld und Flur,
zu sehen, wie das Leben weiter geht,
so das meine Seele es auch versteht,
Tränen sind wichtig, Tränen sind gut,
danach fasse ich wieder neuen Mut,
auch der Gedanke an meine Enkelkinder,
bestärkt mich weiter zu machen nicht minder,
jedoch es ist schwer, es tut einfach weh,
wenn ich allein so durchs Leben geh,
mein Leben, mein Halt, Du fehlst mir so sehr,
es ist nicht einfach, es ist so schwer,
ich hoffe, die Zeit heilt all meine Wunden,
und irgendwann ist der Schmerz verschwunden,
so das ich weine keine Tränen mehr,
das meine Liebe, wünsch ich mir so sehr.

10.06. 2017

An Deinem Baum

Steh ich an Deinem Baum und berühre die Rinde,
spüre ich Deine Liebe wie eine Winde,
die sich rankt um Deines Baumes Stamm,
dabei werden meine Augen feucht und klamm,
der Fluss der Tränen möge endlich Enden,
mein Leben soll sich wieder zum Guten wenden,
eine letzte Träne fällt in die nasse Erde,
auf das mein Herz wieder leichter werde,
ich kann es nicht fassen, kann es nicht verstehen,
werde mit diesen Gedanken nach Hause gehen,
es dauert bestimmt noch eine lange Zeit,
bis mein Kopf und mein Herz ist soweit,
nicht mehr so viel an das Ende zu denken,
meine Erinnerungen an Dich, werden mich lenken,
Dich nicht zu vergessen, an Dich denken ohne Schmerz,
dann blutet nicht mehr so schrecklich mein weinendes Herz.

12.07.2017

Danke

Danke, für die langen Jahre,

Danke, für all die schönen Tage,

Danke, für die schöne Zeit,

Danke, das wir so lange zu zweit,

Danke, für die tiefe Liebe,

Danke, das sie so lange bliebe,

Danke, für dein liebendes Herz,

Danke, trotz manch schlimmen Schmerz,

Danke, das du bist geblieben,

Danke, hab ich gern geschrieben,

Danke, für die schönen Stunden,

Danke, die ich mit Dir so oft empfunden,

Danke, sage ich aus vollem Herzen,

Danke, für das Lachen und Scherzen,

Danke, für Minuten, Stunden viele Tage,

Danke, für die langen Jahre!!!!!

20.05. 2016 – 11.04.2017

Zum Andenken an meine geliebte
Frau Christa

Eine Taube fliegt.

Eine Taube fliegt hinauf in den Himmel,
immer weiter empor, durch das Wolkengewimmel,
sie fliegt immer höher, immer höher empor,
irgendwann, fliegt sie durch das Himmelstor,
ich schaue ihr nach, noch ein letzter Blick,
dann sehe ich, Deine Seele fliegt mit,
sie fliegen weiter, immer höher hinauf,
ich weiß jetzt Du passt dort oben auf uns auf,
der Gedanke lindert meinen tiefen Schmerz,
und tröstet gewiss mein weinendes Herz,
Du wirst darin für alle Zeit weiter leben,
das wird mir Kraft und Stärke geben.

FsW 06.04.2017 - 16:30

Der Stern

Schau hinauf in den Himmel,
siehst Du den Stern,
ich leuchte für Dich,
für Dich leuchte ich gern,
ich leuchte für immer,
noch in tausend Jahren,
so kannst Du mein Andenken,
in Deinem Herzen bewahren.

10.04.2017

FSC
www.fsc.org
MIX
Papier | Fördert
gute Waldnutzung
FSC® C083411

Zeitfracht Medien GmbH
Ferdinand-Jühlke-Straße 7
99095 Erfurt, Deutschland
produktsicherheit@kolibri360.de